LEITURAS  FILOSÓFICAS

ADILSON F. FEILER

NIETZSCHE E OS JESUÍTAS
Revisão, crítica e recepção

Edições Loyola

Dados Internacionais de Catalogação na Publicação (CIP)
(Câmara Brasileira do Livro, SP, Brasil)

Feiler, Adilson Felicio
  Nietzsche e os jesuítas : revisão, crítica e recepção / Adilson Felicio Feiler. -- São Paulo, SP : Edições Loyola, 2023. -- (Coleção leituras filosóficas)

  Bibliografia.
  ISBN 978-65-5504-219-1

  1. Cristianismo - Filosofia 2. Filosofia alemã 3. Nietzsche, Friedrich Wilhelm, 1844-1900 - Crítica e interpretação 4. Jesuítas I. Título. II. Série.

22-130005   CDD-200.1

Índices para catálogo sistemático:
1. Filosofia e religião   200.1

Eliete Marques da Silva - Bibliotecária - CRB-8/9380

Preparação: Maria de Fátima Cavallaro
Capa: Inês Ruivo
Diagramação: Sowai Tam
Revisão: Miriam Passos
        Renata Adrian
        Rita Lopes

Edições Loyola Jesuítas
Rua 1822 nº 341 – Ipiranga
04216-000 São Paulo, SP
T 55 11 3385 8500/8501, 2063 4275
editorial@loyola.com.br
vendas@loyola.com.br
www.loyola.com.br

Todos os direitos reservados. Nenhuma parte desta obra pode ser reproduzida ou transmitida por qualquer forma e/ou quaisquer meios (eletrônico ou mecânico, incluindo fotocópia e gravação) ou arquivada em qualquer sistema ou banco de dados sem permissão escrita da Editora.

ISBN 978-65-5504-219-1

© EDIÇÕES LOYOLA, São Paulo, Brasil, 2023

102505

No lugar do filósofo, coloquei o espírito livre, que é superior ao erudito, ao pesquisador, ao crítico, e que continua vivo acima de muitos ideais: aquele que, sem se tornar jesuíta, examina a constituição ilógica da existência: o redentor em relação à moral (NIETZSCHE, 1999, 503).

É interessante que um pensador como Nietzsche, que odeia tanto o jesuitismo, chegue a um ponto de vista quase jesuítico (BRANDES, 2008, 126).

Dedico a
Anna Feiler
(*In memoriam*)

SUMÁRIO

LISTA DE ABREVIAÇÕES 11
PREFÁCIO 13
APRESENTAÇÃO 23

Capítulo I
NIETZSCHE, PARA ALÉM DE MUITOS IDEAIS:
OS JESUÍTAS 29
1.1. A ação e o perspectivismo nietzschianos 31
1.2. Os jesuítas e a revolução histórica
     da modernidade 33
1.3. Os jesuítas e a redenção da moral 39

Capítulo II
NIETZSCHE E A ARTE TRANSVALORADORA DE GRACIÁN.... 45
2.1. Da simplicidade dos antigos à complexidade
     do cristianismo 48
2.2. Os jesuítas e a reivindicação de um
     cristianismo suavizado 54

2.3. Gracián e a compreensão do cristianismo
como experiência de vida 59

Capítulo III
NIETZSCHE E A CIÊNCIA DE BOSCOVICH 65
3.1. Nietzsche, leitor de Boscovich 68
3.2. De uma atomística temporal para uma
multiplicidade perspectivística 73
3.3. A teoria das sensações como antídoto
contra os preconceitos morais 78

Capítulo IV
NIETZSCHE E SUA RECEPÇÃO NO SUL DO BRASIL 83
4.1. Autores que influenciaram a recepção de Nietzsche 86
4.2. A recepção de Nietzsche nos manuais de aula 90
4.3. A recepção de Nietzsche em outros textos, ditos
e expressões 98

Capítulo V
CONSIDERAÇÕES FINAIS 103

REFERÊNCIAS 111
ÍNDICE REMISSIVO 117

LISTA DE ABREVIAÇÕES[1]

GT/NT — *Die Geburt Tragödie* (O nascimento da tragédia)
MAI/HHI — *Menschliches Allzumenschliches* (Humano, demasiado humano)
FW/GC — *Die frölische Wissenschaft* (A gaia ciência)
JGB/BM — *Jenseits von Gut und Böse* (Além do bem e do mal)
Za/ZA — *Also sprach Zarathustra* (Assim falava Zaratustra)
GM/GM — *Zur Genealogia der moral* (Genealogia da moral)
WA/CW — *Der fall Wagner* (O caso Wagner)
AC/AC — *Der Antichrist* (O anticristo)
EH/EH — *Ecce Homo* (Ecce Homo)
CV/CP — *Fünf Vor Vorreden zu fünf ungeschrieben Büchern* (Cinco prefácios a cinco livros não escritos)

---

1. As Obras, os Fragmentos póstumos e as Cartas, são aquelas indicadas na bibliografia, aqui citadas a partir da Edição Crítica Alemã Colli & Montinari: KSA (*Sämtliche Werke: Kritische Studienausgabe*), KGB (*Sämtliche Briefe: Kritische Gesamtausgabe Briefwechsel*); após a sigla indicando a obra, em *alemão/* português, segue o número, em romano, indicando o capítulo, se tiver, o número do aforismo, KSA ou KGB, o número do volume e a página.

WL/VM	– *Über Wahrheit und Lüge im aussermoralischen Sinn* (Sobre a verdade e a mentira no sentido extramoral)
Nc/FP	– *Nachlass* (Fragmentos póstumos)
B/C	– *Briefe* (Cartas)

PREFÁCIO
Avatares da autossuperação

Lastreado num conhecimento amplo e profundo da obra de Friedrich Nietzsche, e guiado pelo que há de melhor no vasto continente da pesquisa mundial sobre essa obra, Adilson Felicio Feiler — com este novo livro, *Nietzsche e os jesuítas. Revisão, crítica e recepção* — esforça-se por reconstituir a percepção, a compreensão e a interpretação por Friedrich Nietzsche da Companhia da Jesus, tanto em sua existência como ordem religiosa, como em sua significação espiritual, função simbólica e atuação institucional como potência cultural e sociopolítica determinante na história da modernidade ocidental. Uma peculiaridade importante deste livro é que nele o trânsito ocorre numa via de mão dupla: Adilson Feiler trata da recepção por Nietzsche da realidade e do sentido do jesuitismo, do acolhimento do pensamento de Nietzsche por parte dos jesuítas, em particular daqueles que viveram e atuaram no sul do Brasil — o que constitui uma credencial de originalidade, a tornar ainda mais precioso o texto que o leitor tem em mãos.

A dificuldade da empreitada é enorme, e Feiler não recua diante dela, ele a enfrenta com equilíbrio, coragem e segurança.

O que é indispensável, pois a posição de Nietzsche em relação aos jesuítas exacerba a paradoxia e o antagonismo estruturais em seus escritos. Encontramos um exemplo disso numa anotação datada do outono de 1883, na qual Nietzsche inscreve toda sua primeira produção filosófica sob o influxo do jesuitismo: "Por detrás de meu *primeiro período* escarnece zombeteiramente (*grinsen*) o espectro (*das Gesicht*) do *jesuitismo*; isto é, o consciente aferrar-se a uma ilusão e a incorporação compulsória dela como *base da cultura*"[1]. Não há como deixar de reconhecer nessa anotação os elementos teóricos cardinais de *O nascimento da tragédia:* os alicerces da cultura fundados numa ilusão firmemente incorporada, seja ela de natureza artística, científica ou metafísica, de modo que o essencial do jesuitismo, segundo Nietzsche, encontra-se insinuado, como espírito acerbo, sarcástico e mordaz, nas paragens espirituais em que se desenvolve sua própria metafísica de artistas.

Antes desta explícita tomada de consciência, já no primeiro livro de *Humano, demasiado humano*, aforismo 55, Nietzsche havia registrado outra percepção dos jesuítas, cuja importância não é menos considerável: "nenhum poder se impõe, se tiver apenas hipócritas como representantes; por mais elementos 'mundanos' que possua a Igreja católica, sua força está naquelas naturezas sacerdotais, ainda hoje numerosas, que tornam a vida difícil e profunda para si mesmas, e nas quais o olhar e o corpo consumido testemunham vigílias, jejuns, orações candentes, e talvez até flagelações [...]. Fala-se da astúcia e da arte infame dos jesuítas, mas não se vê a autossuperação que todo jesuíta se obriga, e como o regime facilitado de vida, pregado nos manuais dos jesuíticos, deve beneficiar não a eles, mas aos leigos"[2].

---

1. Cf. *Nc*/FP do outono de 1883, 16[23], KSA, 10.507.
2. *MAI*/HHI, I, 55, KSA, 2.74.

Particularmente significativa neste contexto é a presença do conceito de autossuperação. Considerado sob esta ótica, o exemplo dos jesuítas adquire um matiz especial. Mesmo quem não está vinculado a nenhum artigo de fé, portanto, até os "espíritos livres", encarregados da tarefa do Esclarecimento, reconhecem um quê de sobre-humano (*übermenschlich*) na prodigiosa disciplina jesuítica. Ela é aparentada ao autodomínio exigido por toda autêntica autossuperação, entendida como um contínuo elevar-se sobre pilares e graus de poder adquiridos e consolidados. Portanto, mesmo quem "pensa livremente" não ousaria contrariar um ser assim obstinadamente devotado, dizendo-lhe: "'Ó enganado, não engane' — Apenas a diferença das concepções o separa dele, de modo algum uma diferença de bondade ou maldade [...]. E podemos indagar se, com tática e organização semelhante, nós, esclarecidos, seríamos instrumentos tão bons, tão dignos de admiração pela vitória sobre si mesmo, pela infatigabilidade, pela dedicação"[3].

Adilson Feiler tem razão também ao aproximar Nietzsche dos jesuítas não apenas em termos de forma e de conteúdo, de inspiração estilístico-literária, teórica e especulativa, mas também como práxis e forma de vida. Nesse sentido, a lembrança de Gracián — que Nietzsche conhecia por meio de Schopenhauer — é das mais pertinentes, pois remete ao cuidado estilístico de Nietzsche, seu pendor para a escrita poética, aforística e epigramática. Além disso, do ponto de vista ontológico e científico a marca dos jesuítas em Nietzsche é das mais pregnantes. Basta notar, a esse respeito, que é também à personalidade de um jesuíta, Roger Joseph Boscovich, que Nietzsche credita um dos mais importantes feitos da crítica filosófica da modernidade: a possibilidade de superação do entranhado atomismo

---

3. *MAI*/HHI, 1, 55, KSA, 2.74.

materialista, uma das mais persistentes hipóstases ontoteológicas que bloqueiam o pensamento filosófico:

"Boscovich nos ensinou a abjurar a crença na última parte da Terra que permanecia firme, a crença na 'substância', na 'matéria', nesse resíduo e partícula da Terra, o átomo, o maior triunfo sobre os sentidos que até então se obteve na Terra"[4].

Boscovich é tomado por Nietzsche como aliado no combate contra a superstição metafísica e a alienação mental; levando adiante o legado de Boscovich, Nietzsche o radicaliza, transfigurando-o em crítica implacável da "necessidade atomística" e da "necessidade metafísica", tal como a encontramos no materialismo moderno e na filosofia de Schopenhauer. Para Nietzsche, as hipóteses de Boscovich descerram um caminho ao longo do qual seria possível, enfim, livrar-se até mesmo da crença no "atomismo da alma", considerá-la uma superstição radicada na gramática da linguagem e induzida pela lógica do pensamento que nela se funda.

Para ser breve, gostaria de destacar, neste prefácio, um aspecto da recepção dos jesuítas por Nietzsche que, a meu ver, tem um sentido emblemático em sua filosofia madura. Sabemos do gosto pronunciado de Nietzsche pela teatralidade, pelas máscaras e autoencenações. Daí a importância de certos nomes e personagens, com os quais Nietzsche associa sua pessoa, sua obra e seu destino. Um dos personagens mais importantes na galeria dos mártires nietzschianos do pensamento é sabidamente Pascal[5], que sempre comparece em Nietzsche em oposição aos jesuítas. Em Pascal, Nietzsche reconhece um acontecimento epocal na história do cristianismo e da sociedade ocidental, identificando-se com ele sob

---

4. *JGB*/BM, 12, KSA, 5.26.
5. Pascal, Blaise (1623-1662), filósofo, matemático, escritor e teólogo católico francês.

vários aspectos, dele se diferenciando em outros não menos essenciais. Ora, nessa dramatização da vida e da obra de Pascal — sempre consideradas em relação à sua própria vida e obra —, Nietzsche toma os jesuítas e sua missão histórica como um contraponto antinômico necessário, estrutural e decisivo, estabelecendo um campo de oposições complementares a exigir-se reciprocamente.

"A pressão eclesiástica de milênios criou uma magnífica *tensão* do arco, assim como a pressão monárquica: as duas distensões intentadas (ao invés de atirar com o arco) são: 1) o jesuitismo 2) a democracia. Pascal é o signo altivo daquela terrível tensão: ele *morria de rir* dos jesuítas (*er lachte die Jesuiten todt*)."[6] Assim, se, por um lado, Pascal zombava dos jesuítas ao rir mortalmente deles, por outro lado Nietzsche não deixa de reconhecer que "contra Pascal, os jesuítas representavam a *Aufklärung* e a humanidade"[7].

Ora, aquilo que Nietzsche tem em vista em tais apontamentos é a prodigiosa tensão espiritual gerada pelo combate contra o dogmatismo herdado de Platão e do platonismo — resumidos por ele como crença dogmática no espírito puro e no bem em si. A prodigiosa tensão desse combate, situada no centro pulsante do prefácio a *Além do bem e do mal*, Nietzsche a vê desenhar-se no horizonte cultural e histórico-político de seu presente, vinculando a ela o sentido mais profundo e autêntico de sua própria obra e a tarefa de sua vida. Nessa acepção, *Além do bem e do mal* constitui um dos momentos culminantes da carreira de Nietzsche, que ousa retomar, a seu modo, o gesto grandioso de Kant, ao perguntar-se pelo sentido dos acontecimentos decisivos, que seriam os signos distintivos dos novos tempos. Ao fazê-lo, indagando-se pelo sentido de seu presente,

---

6. *Nc*/FP de abril/junho de 1885, 34[163], KSA, 11.475.
7. *Nc*/FP da primavera-outono de 1881, 11[62], KSA, 9.464.

em seus desdobramentos e virtualidades, Nietzsche faz comparecer de novo a figura dos jesuítas.

De acordo com o quadro genealógico esboçado por Nietzsche, o programa kantiano de crítica da razão herdou e dissimulou, ao mesmo tempo, a tensão do combate contra o dogmatismo em filosofia, e com isso tornou-se involuntariamente responsável por uma tentativa de afrouxamento da tensão espiritual por ele gerada, assim como pela dissipação das forças nele engendradas. Essa condição foi compartilhada pelo jesuitismo e pelo moderno movimento democrático. Por esta razão, a modernidade cultural e política só pode ser adequadamente compreendida, segundo Nietzsche, a partir da constelação formada pela *Aufklärung*, pela democracia e pelo jesuitismo — e esse é o horizonte no qual adquire sentido a luta de Nietzsche contra o dogmatismo platônico-cristão.

"Mas a luta contra Platão, ou para dizê-lo de modo mais compreensível para o 'povo', a luta contra a milenar opressão eclesiástico-cristã — pois o cristianismo é um platonismo para a 'povo' — produziu, na Europa, uma magnífica tensão do espírito, que até então nunca existira na terra; com o arco assim tensionado, podem-se visar os alvos mais longínquos. É certo que o europeu experimenta a tensão como estado de necessidade constringente (*Notstand*); e já foram feitas duas grandes tentativas em grande estilo de relaxar o arco, a primeira vez com o jesuitismo e a segunda com a democracia do Esclarecimento (*demokratische Aufklärung*) — com a qual, enquanto tal, com o auxílio da liberdade de imprensa e com a leitura dos jornais pode-se conseguir, de fato, que o espírito não se sentisse mais tão facilmente como 'necessidade' (*Not*). (Os alemães inventaram a pólvora! Todo respeito por isso, mas eles compensaram isso de novo, eles inventaram a imprensa.) Mas nós, nós que não somos jesuítas, democratas e nem mesmo alemães o suficiente, nós, nós bons europeus e espíritos livres — nós temos ainda toda a tensão do espírito, e toda a tensão de seu arco! E talvez também a seta, a tarefa, e quem sabe? o alvo [...]"[8].

É indispensável, portanto, compreender adequadamente a referência aos jesuítas nesse contexto:

> Se o jesuitismo foi a primeira tentativa de afrouxar o arco da tensão moderna, nosso tenso presente durou por muito tempo, remontando à Reforma e à Contrarreforma. Como uma ordem religiosa promovendo guerra implacável contra os heréticos em nome de um catolicismo liberal e permissivo, dominante, o jesuitismo foi um autoconsciente platonismo para o povo, um exercício cristão na nobre mentira platônica, uma tentativa de relaxar o tenso arco do moderno espírito europeu, ao incorporar forçosamente princípios cristãos que ele sabia serem ilusórios[9].

Seria temerário afirmar que a referência à invenção da imprensa, com que os alemães anularam os méritos de sua invenção da pólvora, tenha em vista a intervenção de Kant no debate público — em particular a publicação do célebre artigo sobre o Esclarecimento na Berlinische Monatsschrift. Mas não se pode ignorar que Nietzsche considerava segunda tentativa de afrouxar o arco tenso do espírito a "democracia do Esclarecimento" (*demokratische Aufklärung*) — que, com o auxílio da liberdade de imprensa e com a leitura dos jornais, pode levar a uma dissipação das forças acumuladas e a um semivoluntário aferramento na ilusão, uma dissimulação da necessidade constringente do espírito.

Não se pode deixar de reconhecer que, também, a obra de Nietzsche seja tributária desse legado histórico-cultural. Sua fi-

---

8. *JGB*/BM, Vorrede, KSA, 5.13.
9. LAMPERT, L., *Nietzsche's Task*, New Haven; London, Yale University Press, 2001, 14.

losofia da "morte de Deus" é o anúncio da perempção de todo fundamento inconcusso, a crítica radical do apego dos homens modernos às sombras do Deus morto, como uma nostalgia do absoluto. Expresso metaforicamente, Nietzsche diagnosticou o verme no interior da maçã: os fundamentos da modernidade encerravam em seu âmago o princípio de sua própria desestabilização. Além disso, era necessário trazer à luz, pela força da crítica, o potencial de violência contido, como utopia, no ideal filosófico da modernidade cultural. O esforço supremo de seu pensamento consistirá em manter firme a maior tensão possível do arco espiritual — e assim visar às metas mais remotas.

Portanto, seu principal combate procura evitar novo afrouxamento do arco, impedir o entorpecimento da crítica, razão pela qual dispõe sua frente de batalha contra o que permanece de platonismo e cristianismo na herança da *Aufklärung*, no jesuitismo e nas perigosas tendências massificadoras da democracia moderna. Na estratégia própria deste modo de argumentar, reconhecemos a centralidade e a força dos antagonismos estruturantes do pensamento de Nietzsche.

Seu próprio esforço e empreendimento definem-se sempre por oposição ao significado histórico-cultural do jesuitismo, de modo que seria ingênua e redutora qualquer interpretação deste confronto que menosprezasse a importância estratégica de seu adversário. Ao contrário, Nietzsche valoriza e demonstra gratidão pelo valor e pela força de um adversário dotado da consistência suficiente para figurar como o seu verdadeiro padrão de medida. A força do agressor tem na oposição de que precisa uma espécie de *medida*; todo crescimento se revela na procura de um poderoso adversário — ou problema [...] Atacar é em mim prova de benevolência, ocasionalmente de gratidão[10].

---

10. *EH*/EH, Warum ich so weise bin, 7, KSA, 6.274.

Para concluir, gostaria de remeter o leitor às passagens dedicadas por Adilson Feiler à relação de Nietzsche com jesuítas do sul do Brasil, em particular a partir do Index da biblioteca do Seminário Central de São Leopoldo (RS), e com recurso aos manuais de aula do seminário, bem como a uma série de outras referências diretas e indiretas a Nietzsche, atestando interpretações diferenciadas e mesmo antagônicas dos diversos segmentos de sua filosofia. Trata-se de um material que desperta grande interesse não somente por compor um variegado mosaico de posições hermenêuticas, mas também por desvendar os autores e elementos que inspiraram e serviram de mediação nessa história de recepção, num momento de intensa e fecunda atividade da pesquisa brasileira sobre a obra de Nietzsche, do qual o livro de Adilson Feiler constitui um exemplo eloquente.

Oswaldo Giacoia Junior
Departamento de Filosofia
IFCH/Unicamp
ogiacoia@hotmail.com

APRESENTAÇÃO

Diante dos desafios impostos pelo niilismo e pelo pessimismo que se apresentam no quadro da filosofia contemporânea, o filósofo de Naumburg, autor preocupado em desenvolver uma espécie de cultura e de homem superiores que louvam e bendizem a vida, representa um diferencial no pensamento ocidental. Nietzsche critica toda a cultura ocidental metafísica, precisamente nos aspectos do dogma e da moral.

O seu empreendimento consiste basicamente em refazer o caminho da filosofia, fundado sobre novas bases. Em vista disso, vários são os referenciais recolhidos nos seus escritos referentes a personalidades e eventos históricos que marcam esta passagem para o inaudito. Entre elas trazemos aqui as referências que Nietzsche faz aos jesuítas. As diversas ocorrências do termo "jesuítas" aparecem no conjunto inteiro da obra de Nietzsche, veiculadas nas *Obras publicadas*, nos *Fragmentos póstumos* e no *Epistolário*. Estas citações estão associadas, sobretudo, às críticas dirigidas ao cristianismo em seu aspecto moral. Por essa razão, a maior parte das citações ocorrem no terceiro período da obra de Nietzsche, o assim chamado período da "Transvaloração de todos os valores". No entanto, é possível verificar citações a nomes como o do jesuíta Gracián no primeiro período, do "Pessimismo Romântico". Isso se deve ao foco da crítica estética, visado pelo filósofo alemão neste período de seu pensamento; em se tratando de enfatizar a dimensão da arte e do estilo, Gracián serve como ferramenta importante. Da mesma forma, não se pode esquecer o segundo período da obra de Nietzsche, o período do "positivismo cético", para o qual as reflexões do físico jesuíta Boscovich servem de apoio. Por isso, se constata a presença, direta ou mesmo indireta, do termo "jesuítas" na obra inteira de Nietzsche, sendo utilizada com nuances diferenciadas, dependendo do contexto em que aparecem. Por essa razão, mais do que criticar ou mesmo exaltar os jesuítas, a intensão de Nietzsche é a de ver neles uma ferramenta importante que ajude a melhor compreender certas questões que presidem determinados contextos. O contexto que mais mobiliza a produção nietzschiana é o que diz respeito ao niilismo: marcado pela ausência de sentido e finalidade a incidir, de maneira especial, sobre a cultura.

"No lugar do filósofo, coloquei o espírito livre, que é superior ao erudito, ao pesquisador, ao crítico, e que continua vivo acima de muitos ideais: aquele que, sem se tornar jesuíta, examina a constituição ilógica da existência: o redentor em relação à moral" (*Nc*/FP do outono de 1883, 16 [14], KSA, 10.503). Por esta referência, se constata uma "certa consideração" que Nietzsche tece aos jesuítas, como aqueles capazes de entrar na difícil arte da decifração de enigmas. Arte esta que demanda avidez e perspicácia, em que, de acordo com diversas considerações tecidas por Nietzsche, os jesuítas se destacam. Aqueles capazes de navegar por entre uma constituição ilógica da existência, a ponto de proporem a esta uma nova lógica, para além daquela que até então persistiu, como é o caso do acento sobre a moral. Mas seriam os jesuítas avessos à moral? Bem, talvez sim, mas com relação a uma certa maneira com que esta tem se manifestado. Não que com isso os jesuítas fossem críticos a toda e qualquer constituição da moral, mas críticos da maneira protocolar explícita com que a moral se expressa nos diferentes âmbitos da vida social, seja este político ou religioso. Por isso, quando Nietzsche menciona o fato de que aos jesuítas se deve o afrouxamento do arco, não quer dizer que são responsáveis por minimizarem o peso da moral, mas sim por agirem com sutileza para com ela, ou seja, afrouxam de um lado, o mais explícito, para apertar do outro, o mais implícito: eis a perspicácia dos jesuítas.

A fim de cotejarmos melhor cada um dos lados envolvidos na pesquisa, dividimos o texto que segue em quatro partes, correspondentes a quatro artigos publicados em diferentes periódicos.

Iniciamos com um artigo introdutório intitulado "Nietzsche, para além de muitos ideais: os jesuítas"; através dele refletimos sobre aspectos gerais da filosofia de Nietzsche que se aproximam do *éthos* jesuíta. Por mais que Nietzsche se oponha ao jesuitismo, pelo acirramento implícito da moral, assume uma postura quase jesuítica, no que diz respeito à sutileza e perspicácia com que trata as diferentes temáticas. Na arte da dissimulação, Nietzsche reconhece os jesuítas como grandes mestres. Os diferentes casos que demandam uma diferente resposta, para cada caso em particular, resultam em um procedimento ético conhecido como casuísmo. Os jesuítas se distinguiram como expoentes deste procedimento; não podiam mais responder aos desafios da época moderna com os expedientes da velha moral. Por consequência, suas táticas missionárias se manifestaram de forma que a moral fosse atingindo um tom refinado e sutil, a ponto de fazer com que se viva num mundo em que o peso dos diversos regramentos já não se perceba de maneira tão evidente, mas dissimulado. Outrossim, o peso arquitetônico do barroco e do rococó dão espaço ao barroco tardio, também denominado de barroco jesuítico, em que as linhas leves e retas buscam incutir uma mentalidade humanista, fundada na experiência de vida.

Ao realizar o movimento inicial, em que tratamos os aspectos gerais das considerações de Nietzsche sobre os jesuítas, organizamos o segundo capítulo, enfocando elementos mais específicos da relação de Nietzsche com os jesuítas. Por essa razão, trazemos um segundo artigo intitulado "Nietzsche e a arte transvaloradora de Gracián", em que tratamos sobre a forma pela qual Nietzsche se posiciona a respeito deste literato e teólogo jesuíta espanhol. Assim, como em Nietzsche, cada aforismo de Gracián concentra uma riqueza muito grande de significados que se descobrem em cada nova perspectiva que se estuda. Nele, o mundo é um espaço em que a hostilidade e a sutileza se impõem perante a virtude e a verdade. Por essa razão, a sabedoria está baseada na experiência de vida, que se caracteriza por técnicas como a da arte de dissimular e adaptar o comportamento, conforme diferentes situações. A arte da dissimulação tem se destacado como uma técnica para acentuar algum aspecto, em detrimento de outros, considerados periféricos. Por essa razão, inclusive, teve-se a intenção de se realizarem denúncias sociais, culturais, políticas ou religiosas, sempre com o intuito de, com sutileza, propor ao leitor meios alternativos para se resolver determinada questão. Estes meios alternativos estiveram também sempre muito ligados ao *modus quo*, à maneira corrente pela qual determinado problema pudesse ser resolvido.

No terceiro capítulo, seguimos a dinâmica do segundo, contudo cotejando as referências de Nietzsche a um outro jesuíta, o croata Joseph Boscovich, intitulado "Nietzsche e a ciência de Boscovich". Para este último, o desvelamento de preconceitos morais está na base da compreensão da linguagem de uma atomística sensorial. Por essa razão, Nietzsche aproveita esta leitura para desvelar preconceitos morais. Boscovich entende os pontos materiais como pontos que se efetuam a partir de um atuar à distância, mediante a ação de um ponto A sobre um ponto B e vice-versa. Nietzsche aproxima a dinamicidade temporal da teoria da sensação, mediante a física quântica de Boscovich. Por isso, cada ponto sensorial é desprovido de ação, já que a ação é uma ação sensorial à distância, resultando do atuar de um sobre o outro. O momento em que se dá este atuar é descontínuo e singular, e, por isso, contribui diversamente para a constituição dos corpos. Nesse sentido, a constituição física dos organismos está na base do reconhecimento da diversidade sensorial. Logo, o seu não reconhecimento estaria apontando para a gênese de diferentes preconceitos morais.

No quarto capítulo tratamos do tema da recepção de Nietzsche. Por isso, não se refere ao que Nietzsche diz sobre os jesuítas, mas o que os jesuítas dizem sobre Nietzsche, mediante um capítulo intitulado "Nietzsche e sua recepção no sul do Brasil". Quem passasse por uma grande porta do segundo pavimento da ala leste do Seminário Central de São Leopoldo (RS), deparar-se-ia com um dos maiores acervos bibliográficos da América do Sul no século XIX. Deparar-se-ia também, nesta biblioteca, em certo local, com uma inscrição que encimava uma pequena porta ao fundo, à esquerda: *Index Librorum Prohibitorum*. O ingresso a esse local era permitido a apenas três pessoas: o reitor do Seminário, o bibliotecário e o seu assistente. Não raro este era um espaço que alimentava o imaginário e a curiosidade de muitos que frequentavam a biblioteca. Desse espaço se depreende a fonte de recepção de diversos autores inclusos no Index, entre eles, Nietzsche. Por mais controvertido que seja, a recepção de Nietzsche não é tão marcada por hostilidades, mas até por certo apreço, principalmente pelo seu estilo literário, bem como pela crítica à moral institucional.

Dado que os capítulos que seguem foram escritos em forma de textos independentes, procuramos refazer a escrita a fim de evitar repetições, estabelecendo assim uma sequência contínua entre eles.

Capítulo I
NIETZSCHE, PARA ALÉM DE MUITOS IDEAIS: OS JESUÍTAS[1]

A perspicácia dos jesuítas é lida por Nietzsche como uma capacidade para ultrapassar ideais estabelecidos, como a arte de decifração de enigmas, que se situa para além da constituição lógica da existência. Apesar dos atributos reconhecidos nos jesuítas, por que razão o "apóstolo da morte de Deus" tece elogios àqueles fiéis guardiões da ortodoxia da Igreja Romana? — os jesuítas, instituídos "[...] para combater por Deus e servir somente ao Senhor e à Sua esposa, a Igreja, sob a direção do Romano Pontífice" (Constituições da SJ, Fórmula do Instituto, n. 1).

Por vezes, depreendem-se dos aforismos nietzschianos algumas críticas acirradas aos jesuítas: "O ponto de vista supremo do jesuitismo e do socialismo: dominação da humanidade com a finalidade de fazê-la feliz" (*Nc*/FP da primavera-verão de 1883, 7[238], KSA, 10.315). Dado que a filosofia de Nietzsche tem em

---

1. O texto foi, em sua primeira versão, publicado nos Anais do Seminário Internacional, intitulado *A globalização e os jesuítas. Origens, história e impactos*, na Faculdade Jesuíta de Filosofia e Teologia em Belo Horizonte, em 2017, 61-75.

alta consideração a ação e a mobilidade, bem como a afirmação da diferença em meio a situações que obrigam o contrário, o enquadramento, a ordem dos jesuítas concorda com muitos destes pontos. Desde a sua fundação, a ordem representou um diferencial na Igreja e na sociedade, atuando em situações de fronteira. Assim emergem as questões: como Nietzsche vê as peculiaridades jesuíticas da ação e da mobilidade entre as contribuições para a instauração de uma cultura superior? Que idiossincrasias tal interpretação acarreta?

Principiamos com uma contextualização de Nietzsche, a partir de suas problemáticas fundamentais, tendo como pano de fundo a ação[2] e o perspectivismo[3], mediante o título "A ação e o perspectivismo nietzschianos". Damos sequência a contextualização da origem e finalidade da ordem dos jesuítas, situando-a basicamente nos primeiros períodos de sua existência, e quais os aspectos históricos que dela exigiram uma nova configuração em termos de ordem religiosa, com o título "Os jesuítas e a revolução histórica da modernidade". Esses apelos corroboram com uma nova concepção antropológica, sociológica, teológica e eclesiológica, configurando assim a chamada modernidade. E é precisamente nessa altura da discussão que situaremos Nietzsche frente aos jesuítas, no contexto de algumas referências que o filósofo alemão endereça à ordem, mediante o título "Os jesuítas e a redenção da moral".

---

2. Dado que a filosofia de Nietzsche se estabelece sobre uma concepção de forças que, a todo instante, se lançam por alcançar assenhoramento, em instantes de culminância potencial, a ação cumpre um papel fundamental. Seguindo a dinâmica heraclitiana, tudo se apresenta em constante movimento.

3. A concepção perspectivística, que se depreende do pensamento de Nietzsche, se apresenta como superação da concepção de verdade. Em Nietzsche, tudo aquilo que até então foi considerado verdade, passa a ser perspectiva. Pois já não se pode contar com uma verdade fixa, mas em movimento; assim, modificando o ponto de vista, um conhecimento novo e diferenciado se apresenta.

1.1. A ação e o perspectivismo nietzschianos

Em nome da defesa dos valores nobres e aristocráticos, Nietzsche busca resgatar toda a herança cultural da época trágica dos gregos que, segundo ele, entrou em decadência a partir de Sócrates.

Nietzsche considera fraco, escravo, ressentido todo aquele que se coloca contra a vida, como uma barreira no caminho de todos os homens poderosos e criadores, que representam o verdadeiro ideal da cultura: "Assim também existem, entre os povos de gênio, aqueles a quem coube o problema feminino da gravidez e a secreta missão de plasmar, amadurecer, consumar — os gregos, por exemplo, foram um povo desse tipo" (JGB/BM, 248, KSA, 5.191). Nietzsche propõe, então, um retorno aos ideais da cultura grega, daqueles ideais que nela sintetizam a harmonia da afirmação da vida. Para tanto, parte de uma desconstrução de tudo aquilo que na cultura ocidental, como é o caso da moral e da religião, constitui, segundo ele, um entrave ao desenvolvimento deste ideal de afirmação da vida. Ideal que é apresentado mediante a distinção das duas disposições fundamentais do ser humano: a apolínea (representada pelo deus Apolo, deus da ordem e da moderação dos instintos) e a dionisíaca (representada por Dionísio, deus da música, da desordem e da imoderação). E é em Dionísio que se manifesta o verdadeiro ideal de afirmação da vida.

A filosofia de Nietzsche se constrói como um exercício de afirmação da vida, enraizado numa fidelidade ao sentido da terra. Tudo em Nietzsche soa à afirmação e ao otimismo, e seu movimento de desconstrução e destruição apenas se justifica no quadro de sua força criadora, de seu desejo de construir: "E aquele que deva ser um criador no bem e no mal: em verdade, primeiro deverá ser um destruidor e destroçar valores" (Za/ZA, II, Do superar a si mesmo, KSA, 4.149). Embora tenha sido fortemente influenciado na juventude por Schopenhauer, e compartilhado com ele vários pontos de vista, Nietzsche reagiu radicalmente ao pessimismo schopenhaueriano, diante da falta de sentido da vida, substituindo o seu pessimismo, a sua resignação, o seu ascetismo e negação pelo otimismo, pela rebelião, pela alegria.

Seu objetivo principal reside em desmascarar os valores morais até então tidos como inalteráveis e absolutos, entre os quais se destacam os valores religiosos, os principais responsáveis pelo niilismo no qual tem mergulhado a cultura ocidental, rechaçando o valor da vida. O caráter vitalista da genealogia nietzschiana manifesto na fórmula *amor fati*[4] constitui a mais forte expressão do niilismo, do sem sentido da vida, para além daquele niilismo passivo ou ativo, como um niilismo elevado até a sua plenitude e radicalidade. Por isso devemos amar a vida, já que a sua tragicidade expressa um caráter artístico do qual a música constitui a sua mais perfeita manifestação. Essa ausência de sentido é também justificada pelo eterno retorno (*Der ewige Wiederkehr* e *dynamis*) próprio do mundo: tudo está constantemente retornando, sem um fim ou uma meta a alcançar; como um mundo que diz sim a si mesmo, uma vontade cósmica: "que exalta e bendiz a vida".

Com a noção de eterno retorno, Nietzsche procura superar a dualidade entre transcendência e imanência, recobrando a eternidade na imanência. Longe de ser entendido como repetição, o eterno retorno consiste na eternidade do instante que constantemente retorna sobre si mesmo, como luta e combate por mais potência, como superação, que é a via pela qual se

---

4. Quero cada vez mais aprender a ver como belo aquilo que é necessário nas coisas: assim me tornarei um daqueles que fazem belas as coisas. *Amor fati* [amor ao destino]: seja este, doravante, o meu amor! (*FW*/GC, IV, 276, KSA, 3.521.)

constitui a vontade de potência (*Wille zur Macht*), circunscrita neste mundo que é ele mesmo vontade de potência. E somente o homem fiel ao mundo, resgatado ao sentido da terra, e despido de toda a transcendência para o qual se faz necessário proclamar a morte de Deus (*Der Tod Gottes*), poderá dela receber o estatuto de além-do-homem (*Übermensch*).

O pensamento de Nietzsche ergue-se como um marco revolucionário na história da filosofia. Seu ideal é o de rechaçar as antigas tábuas de valores, a fim de instaurar novas tábuas, alicerçadas na afirmação do homem. Daquele homem que está por vir, daquele que, fiel à terra, possa dela emergir como além-do-homem. Daquele homem, movido pela ação, capaz de criar perspectivas novas de valor. Este é, pois, o ideal da cultura, o de produzir homens fortes, que se superaram a si mesmos, que afirmaram a vida até as suas últimas consequências: "Um tipo dotado de poucos, porém fortes traços, uma espécie de homens severos, guerreiros, sabiamente salientes, fechados e reservados" (*JGB*/BM, IX, 262, KSA, 5.215). Que espécie de homem seria este? Teria Nietzsche em seus escritos deixado entrever alguma referência, algum exemplo concreto desse homem caracterizado por ele como espírito livre e/ou gênio? Qual a contribuição dessa classe de homens à cultura?

1.2. Os jesuítas e a revolução histórica da modernidade

O sentido nietzschiano de força, altura, distância, protótipos de uma cultura aristocrata, realiza-se com base em uma concepção organicista de pensamento. Essa concepção investe-se a marteladas sobre aquela visão metafísica de sujeito, coletividade, lógica, moral. Ela inaugura novas leis, inscritas em novas tábuas. Assim, uma vez desmoronado o edifício da metafísica, tudo o que dentro dele habitava acaba reduzido a cacos: o indivíduo isolado, marcado por uma pulsão instintual. Ele arrisca trilhar novas sendas, pelo caminho da ilogicidade que combate à moral. Nietzsche, neste sentido, opera uma verdadeira virada antropológica.

Em nome da afirmação da vida, que é um campo de batalha, mune o homem das armas necessárias para tal embate: a criação, a mobilidade e o desejo sempre renovado de superação. Com o fim de alçar os mais altos cumes da cultura, pela transformação, pela ação e pela mobilidade, Nietzsche arrisca o inaudito, deitando as suas raízes na obra de arte: "A obra de arte, enquanto aparece sem os artistas, por exemplo como corpo, como organização (corpo dos oficiais prussianos, ordem dos jesuítas)" (*Nc*/FP de 1886, 2[114], KSA, 12.138). Com esse aforismo, Nietzsche estabelece uma comparação a um dos motores fundamentais da existência: a arte, porém uma arte sem um artista, ou seja, uma arte que se cria por si mesma, sem uma causa externa que a produza. Esta arte que se produz a si mesma é comparada pelo filósofo alemão com um corpo, que poderia ser a corporação de oficiais prussianos ou a ordem dos jesuítas. Mas o que cada um desses lados da comparação tem a ver com a arte e com eles entre si?

A corporação dos oficiais prussianos representa a magnificência da ordem e da disciplina, repercutindo em prontidão e eficiência, uma verdadeira obra de arte. A ordem dos jesuítas, fundada por Inácio de Loyola (1491-1556)[5] em 1540,

---

5. Inácio de Loyola nasceu na Cantábria (Espanha), em 1491; viveu primeiramente na corte e seguiu a carreira militar. Após longa convalescença, resultante de um tiro de canhão na perna, na guerra entre Espanha e França, Inácio passou por um processo de conversão. A conversão a Deus levou-o a estudar em Paris, onde reuniu os primeiros companheiros com quem fundou, em Roma, a Companhia de Jesus. A ordem por ele fundada não logrou tempo em mostrar grandes frutos, contribuindo para a evangeli-

em tempos cruciais de transformações da conjuntura social, política, religiosa e cultural, representa um verdadeiro marco referencial. Naquela época de ingentes transformações, como escreve André Ravier: "[...] que se instaurou a partir do fim do século XIII e se prolongou até o início do século XVII: chamemo-la (já que o uso assim o exige) Renascença" (RAVIER, 1982, 29). Naquele conturbado contexto Inácio e seus companheiros dão início a uma obra que irá atravessar vários séculos: "Esses peregrinos pobres, reformados, apaixonados pela cruz e pela glória de Jesus Cristo têm que defrontar-se com as transformações ambíguas da civilização ocidental" (RAVIER, 1982, 30). A ordem dos jesuítas, de acordo com suas Constituições: "[...] foi instituída principalmente para a defesa e a propagação da fé e o aperfeiçoamento das almas na vida e na doutrina cristãs, por meio de pregações públicas, lições e qualquer outro ministério da palavra de Deus [...]" (LOYOLA, Constituições da SJ, Fórmula do Instituto, n. 1, 1997, 29). Os jesuítas, desde seus primórdios, representaram uma revolução em termos de apostolado pela variedade e originalidade singular com que o exercem. Diferentemente das outras ordens religiosas que se denominavam pelo nome do fundador, a ordem fundada por Inácio de Loyola tem por nome aquele por quem ele e seus companheiros decidiram servir: o do próprio Jesus. Assim, Companhia de Jesus dá o verdadeiro sentido de fé, fidelidade, dedicação, serviço, dom total, obediência a Jesus, o único rei. Está aí uma das grandes peculiaridades da ordem dos jesuítas, a de não se enquadrar naquele modelo comum de se chamar pelo nome do fundador, mas do próprio Jesus. Aquele que, no dizer de Nietzsche, foi quem ensinou uma prática de vida. Os jesuítas procuraram, neste

---

zação dos diversos continentes do orbe terrestre e da reforma da Igreja. Sua morte ocorreu em 1556.

sentido, acercar-se mais daquele por quem desejavam servir: Jesus, jesu-íta (assim como Jesus). Aqui já podemos perceber mais um ponto da razão de admiração e reconhecimento de Nietzsche pelos jesuítas. Estes têm muito em comum com a corporação dos oficiais prussianos, pela fidelidade e obediência em servir com prontidão e eficiência. São, por isso, como aqueles, comparados a uma obra de arte, que não necessitam do artista para assim sê-lo. Mas como compreendemos isso? Uma autoprodução da obra de arte? A chave para essa interpretação encontra-se no grande segredo dos jesuítas, os chamados Exercícios Espirituais[6].

Os Exercícios Espirituais, sem se posicionar sobre a vida política, social ou educativa encerram uma firme concepção de homem, como reflete Joseph Thomas: "Neles, contudo, acha-se contida uma visão do homem que implica uma concepção de vida política, das relações sociais, da educação da juventude" (THOMAS, Introdução, 5). Mediante os Exercícios Espirituais, desde a fundação da ordem, os jesuítas procuraram pautar sua vida e apostolado. Constituem, no fundo, um caminho para alcançar a liberdade, mediante a qual poderão mais eficazmente empreender a árdua tarefa da missão. No fundo, o conteúdo do livro dos Exercícios Espirituais resume o itinerário de conversão vivido por Inácio de Loyola. Por isso, o próprio fundador o estabeleceu como livro de cabeceira de todo jesuíta. É por ele que são forjados os novos soldados da milícia de Cristo. Pois como os próprios Exercícios rezam como seu pressuposto: "Exercícios Espirituais para o homem vencer a si mesmo e ordenar a própria vida, sem se determinar por nenhuma afeição

---

6. O livro dos Exercícios Espirituais foi escrito por Inácio de Loyola durante o seu período de conversão e nele está sintetizado todo o seu itinerário espiritual. Essa obra acabou se tornando um excelente compêndio de mística na modernidade.

desordenada" (LOYOLA, EE[7], n. 21). Pelos EE o jesuíta passa a viver a vida de maneira mais livre e oblativa, tendo sempre em vista o ideal de servir, não qualquer serviço, mas o maior serviço para: "[...] atingir o fim que pretende para a maior glória de Deus" (LOYOLA, Constituições, n. 655).

O jesuíta poderia ser definido como o peregrino da maior glória de Deus. Esse "maior", dá um acento todo especial à ordem, confere-a com um tom aristocrata. A ordem tem, com isso, nos diferentes tempos e lugares, feito a diferença. Apontou caminhos novos, de fronteira, desbravou as Índias e as Américas com garra, força e pioneirismo. Ela foi e é grande.

Essas peculiaridades da grandeza da ordem dos jesuítas foi certamente um dos *leitmotiv* a deslumbrar os olhos do filósofo alemão, que, ao fazer uma menção de louvor pela sua grandeza, escreve: "Sem dúvida o homem europeu sente esta tensão como uma miséria; e por duas vezes já se tentou em grande estilo distender o arco, a primeira com o jesuitismo, a segunda com a ilustração democrática" (*JGB*/BM, Prólogo, KSA, 5.13). O jesuitismo representa, de fato, um dos grandes movimentos revolucionários que sacode a Europa. A ordem fundada por Inácio de Loyola apresenta diversas peculiaridades que vêm quebrar um modelo até então subsistente: o modelo monacal. Inácio ousou o diferente; aboliu o ofício em coro, destituiu os membros da ordem de usar um hábito que os identificasse, quebrou com aquela monotonia própria dos conventos[8]. Para que conseguisse dar cabo a tal empreendimento teve de enfrentar diversos obstáculos, vencendo oposições e resistências. Por várias vezes teve de se apresentar diante de autoridades civis e

---

7. Doravante abreviamos Exercícios Espirituais por EE.

8. Os conventos são caracterizados basicamente pela existência de uma comunidade de monges que partilham a vida dentro de um regime de estrita observância da regra "Ora et labora" (Ora e trabalha), de São Bento.

eclesiásticas a fim de prestar contas de seus empreendimentos, como a acusação de pregar doutrinas não sadias. Diante dessas situações, o fundador da Companhia de Jesus soube encontrar a forma ideal de as superar. Em tudo ele procurou se afastar do passivismo inerte, para assumir um ativismo transformador. É precisamente esse aspecto da ação que Nietzsche mais admira nos jesuítas. Uma ação criadora de um modo de vida, uma postura existencial, de um *éthos* singular. Essas características são muito visíveis na ocasião em que os jesuítas seguraram os ventos avassaladores provocados pela reforma protestante.

A reforma protestante, liderada por Lutero, foi um dos mais fortes abalos do ocidente na modernidade. Através dela ocorreu o grande racha na cristandade entre católicos e protestantes. No dizer de Nietzsche, com Lutero "mais uma vez" a moral gregária atinge a sua hegemonia, resultando na morte do Evangelho na cruz[9]. Ou seja, todos os ensinamentos de Jesus, que foi um homem de ação a ponto de legar a humanidade um *éthos* singular, são relegados ao esquecimento. Em lugar dessa singularidade de vida, Lutero introduz um modelo uniforme e moralizador que coloca todo fiel numa posição de total submissão à vontade divina. Diante disso, os jesuítas, imbuídos de uma formação personalizada e humanizadora e de uma imensa tenacidade e mobilidade criadora, quebram o arco daquela dura cerviz propugnada pelos reformadores. Os jesuítas dignificaram novamente aquela imagem de Jesus depauperada por Lutero.

Após esta breve exposição nos perguntamos: qual é a grande contribuição dos jesuítas à cultura aos olhos de Nietzsche? Foram os jesuítas, na visão do filósofo alemão, totalmente ilibados da grande doença da cultura, a moral?

---

9. *AC*/AC, 39, KSA, 6.211.

1.3. Os jesuítas e a redenção da moral

A filosofia de Nietzsche se constrói como um esforço de afirmação da vida, contra tudo aquilo que a ela se opõe como é o caso, aos olhos do filósofo alemão, da moral. A moral é vista por ele como um conjunto de prescrições dietéticas aniquiladoras da vida. Por ela se acaba perdendo uma das mais originais e inocentes forças afirmadoras da vida: a embriaguez dionisíaca e, ligado a ela, o desejo de criar que supõe um ulterior destruir. Assim, destruir para criar. E desse jogo, entre destruir e criar resulta uma tensão que vai ativando cada vez mais a nossa vontade de potência. Ou seja, os desafios que se nos apresentam desencadeiam um *quantum* sempre maior de potência, caracterizando a vida sob uma perspectiva organicista. E essa mesma perspectiva organicista carrega uma pluralidade de sempre novas perspectivas. De onde resulta que nada no mundo é fixo, acabado, enquadrado, inerte, pautado sob uma concepção lógicoracional, mas em constante devir. É este constante devir, que carrega as marcas da tensão (tragédia), o caminho trilhado pelo espírito livre, aquele que triunfa sobre a moral. Neste sentido, é elucidativa esta passagem em que Nietzsche escreve: "No lugar do filósofo, coloquei o espírito livre, que é superior ao erudito, ao pesquisador, ao crítico, e que continua vivo acima de muitos ideais: aquele que, sem se tornar jesuíta, examina a constituição ilógica da existência: o redentor em relação à moral" (*Nc*/FP do outono de 1883, 16[14], KSA 10.503).

Percebemos que nesse elucidativo aforismo Nietzsche apresenta os jesuítas como um exemplo de redenção em relação à moral. Mas em que sentido os jesuítas representariam esse embate à moral? Parece um tanto paradoxal essa afirmação. Pois, como dito anteriormente, os jesuítas, de acordo com a fórmula de seu instituto, foram fundados para a defesa da ortodoxia da Igreja católica, dentro de um contexto em que era ameaçada pelas ondas arrasadoras da reforma protestante. Os jesuítas, neste sentido, foram os representantes da Contrarreforma, tanto que do Concílio de Trento iminentes jesuítas fizeram parte, entre eles Roberto Belarmino.

A defesa dos jesuítas para com a Igreja católica não significou simplesmente uma negação de tudo o que havia sido afirmado por Lutero, mas uma defesa criativa, ou seja, impôs uma reforma de costumes sem esquecer os pontos essenciais, e sim ressaltá-los ainda mais. Com isso, a Igreja dispunha de uma arma poderosa contra os oponentes: uma clareza quanto a sua doutrina e seu modo de proceder. Sem se perder em questões periféricas, a Igreja, com a ajuda dos jesuítas, reconfigurou o seu itinerário e o fez num embate destemido pela ordem de seus costumes, pela pureza de sua doutrina e pela disciplina de seus representantes[10]. Talvez aquilo de que a Igreja mais necessitava naquele período histórico a Companhia de Jesus pôde oferecer. De maneira surpreendente ela refez as suas bases bombardeadas pelas dinamites protestantes. Reconquistou, com isso, o seu rebanho.

Rebanho? Isso até fere os ouvidos nietzschianos. Por que razão o filósofo alemão elogia aqueles que contribuíram para que a Igreja reconstituísse uma das causas principais da doença da cultura, a saber, a moral gregária? E se ele mesmo afirma que os jesuítas representam uma redenção em relação à moral? Dois aspectos são necessários ser clarificados aqui. O primeiro diz respeito ao próprio método nietzschiano, o perspectivismo. Nele cabe uma multiplicidade de interpretações, formando um verdadeiro campo de batalha, uma música acompanhada pela dança que extrapola a ordem, o ritmo e o compasso. Nietzsche, fiel ao seu espírito perspectivístico, se comporta como

---

10. Por esses e outros atributos aos jesuítas atribuiu-se o título de "Soldados de Cristo".

um dançarino, o que faz com que ele por vezes defenda e por vezes combata proposições de que esteja tratando. O segundo aspecto requer um pequeno retrospecto na história até Lutero, o pai da Reforma, pois diz respeito à própria visão que ele tem do reformador como acompanhamos em suas palavras: Deus, a grande farsa da humanidade, já havia morrido, mas aquele monge fracassado foi a Roma e restaurou a Igreja. Com isso, colocou o fiel numa ligação direta com Deus mediante a fé, aumentando ainda mais a carga da moralidade. A Igreja da Renascença[11], com todo o seu poder, glamour, representada pela magnificência, aristocracia de sua hierarquia e de seu culto, agora dá espaço a uma massa do rebanho sem norte, humanamente falando. É claro que aqui mais uma vez vale a aplicação daquele primeiro aspecto, o perspectivismo. Nietzsche não está simplesmente defendendo a Igreja da Renascença, em detrimento ao desprezo pela Reforma. Talvez ele, diante da Igreja da Renascença, utilize mais um de seus expedientes: o riso. Mas rir de quê? Ora, de toda essa incoerência implantada na Igreja da Renascença sob o nome de cristianismo.

Parece que o filósofo alemão nos deixou num beco sem saída. O que, afinal de contas, ele quer defender? Aonde ele que chegar? No fundo a sua crítica é endereçada às duas Igrejas, a da Renascença e muito mais a da Reforma. Ambas são representantes da moral, mas pelo menos a primeira, apesar das incoerências, mantinha a beleza e a aristocracia da hierarquia e de seu culto.

E os jesuítas, como é que ficam nessa história? Se eles tomaram a defesa da Igreja romana, ainda podem ser considerados heróis perante a moral? Por um lado, até diríamos que sim, pois representaram um retrocesso no movimento reformador, aquele do triunfo da moral. Por outro, os jesuítas, ao tomarem

---

11. Cf. *AC*/AC, 61, KSA, 6.250-2.

partido da Igreja romana, ao mesmo tempo tomaram partido de sua moral, já que a Igreja não estava isenta dela. Contudo, o modo como o fizeram é que atrai Nietzsche. A luta jesuíta em nome da ortodoxia da Igreja romana não foi uma luta ressentida ou piegas. Trata-se de uma luta ativa[12], destemida e incansável. Por essa razão, Georg Brandes[13] reconhece que Nietzsche, apesar de toda a sua crítica ao jesuitismo, acaba por assumir uma postura que, em muitos aspectos, se assemelha aos jesuítas: "É interessante que um pensador como Nietzsche, que odeia tanto o jesuitismo, chegue a um ponto de vista quase jesuítico" (BRANDES, 2008, 126). Por trás da aparência sóbria de suas vestimentas, da modéstia de seus olhares e da moderação de seus linguajares é que escondiam a pertinácia e a impavidez de suas ações[14]. Essas atitudes representam um verdadeiro modo singular de ser e proceder, fazendo lembrar a própria figura de Jesus de Nazaré, que, da mesma forma, com poucas e simples palavras, era capaz de fazer retroceder até um batalhão de infantaria. Este *éthos* singular, inaugurado com a vida e os ensinamentos de Jesus de Nazaré, certamente os jesuítas não só melhor compreenderam, mas até souberam dispor dele como o mais valioso instrumento de missão.

Quando Nietzsche faz menção aos jesuítas certamente está se referindo a eles como um todo, nos diversos apostolados,

---

12. Nietzsche inclui o jesuitismo naquele movimento que ele denomina de niilismo ativo, representado pela nobre disposição ativa de espírito em meio ao mundo que em si é niilista, ao contrário do niilismo passivo.

13. Georg Brandes (1842-1927), historiador e crítico literário dinamarquês que influenciou de maneira decisiva o futuro da cultura escandinava. Ele manteve com Nietzsche uma vasta troca epistolar, fascinado pelo viés nietzschiano marcado pelo radicalismo aristocrata. Brandes é considerado o autor que recepcionou Nietzsche na Dinamarca, bem como contribuiu para que ele fosse mais bem conhecido em toda a Europa.

14. Os jesuítas souberam como ninguém atingir o que há de mais íntimo e sutil no ser humano: a consciência.

como os que atuam em colégios, universidades, apostolado científico, missões pioneiras em terras estrangeiras (como foram as reduções jesuíticas no Brasil, Paraguai e Argentina). É a missão, o modo de proceder jesuítico, que tanto agrada ao filósofo alemão. A ordem incorpora a força, que age e não reage, que verdadeiramente sente e não ressente; eis o ponto de vista quase jesuítico, mencionado por Brandes. O maior sentimento jesuíta é aquele que se depreende do ensinamento de seu fundador Inácio de Loyola, de que se deve agir como se tudo dependesse de nós mesmos, confiando que, em última análise, tudo depende de Deus. Está aí presente uma mística de ação colaborativa com o criador. Quanto à primeira parte da expressão, a da ação, Nietzsche não só assume como altamente valiosa, mas também prescreve como caminho para uma cultura superior; mas, quanto à segunda parte, a da confiança em Deus, aí então se faria necessário o uso de um expediente caro ao filósofo, o uso das aspas. Caso contrário, de acordo com a concepção nietzschiana, se cairia novamente no problema da moral. Interessante notar que, em nenhum momento Nietzsche critica abertamente os jesuítas por aferrarem-se a alguma crença metafísica. No entanto, foram os jesuítas os grandes defensores da fé. Isto leva a crer que o filósofo veja os jesuítas de acordo com uma imagem um tanto pejorativa que tem ficado no imaginário de muitas pessoas, aquela que concebe os jesuítas como espertalhões, por atuarem com sutileza nos assuntos atinentes à moral. No aforismo a seguir, Nietzsche escreve: "Como se está unido ao domínio do ideal do Renascimento? O homem do século XVII, o homem do século XVIII, o homem do século XIX. Recrudescimento do cristianismo (= Reforma), o jesuitismo e a monarquia em aliança" (*Nc*/FP do outono de 1887, 10[2-5], KSA, 12.455-6). Os jesuítas souberam ardilosamente valer-se de alianças com pessoas e/ou instituições poderosas. Na concepção jesuítica tudo deve ser feito para a maior glória de Deus. Diante disso, são altamente válidos os meios para a consecução de tal fim, mesmo que fosse necessária a aliança com a monarquia. Esta aliança é fortemente manifesta no período das reduções. Não fosse o ressentimento ganancioso da coroa portuguesa os jesuítas teriam dominado todo o continente. Mesmo diante da ordem premente do marquês de Pombal para que os jesuítas abandonassem a missão, eles se mantêm impassíveis, preferindo morrer a desistir de lutar. Essa grandeza jesuítica certamente não passou despercebida aos olhos de Nietzsche.

A esperteza, a argúcia a impassibilidade perante a oposição, unidas à mobilidade, à firmeza e à disposição fizeram da Companhia de Jesus uma ordem da ação. Embora Nietzsche, em seus elogios aos jesuítas, deixe transparecer alguma ironia, como pelo fato de a ordem estar devotada ao serviço da ortodoxia da Igreja romana, ele considera louvável o modo singular de eles realizarem a empresa e, assim, inaugurarem uma verdadeira forma de vida. Dando um passo adiante, seguimos a reflexão, mediante a maneira pela qual Nietzsche concebe os jesuítas em casos particulares, como o da poesia de Gracián.

Capítulo II
NIETZSCHE E A ARTE TRANSVALORADORA DE GRACIÁN[1]

O estilo barroco de Balthasar Gracián[2], marcado pelo pessimismo, consiste em sentenças breves, pessoais, densas e concentradas. Pelo pessimismo que se depreende do barroco, o mundo é um espaço hostil e engenhoso, dentro do qual o ser humano se apresenta como débil, interesseiro e malicioso. A poesia de Gracián lembra o estilo aforismático de Nietzsche, que foi seu leitor, e, em muitos aspectos, admirador. Não queremos induzir uma influência fundamental e decisiva de Gracián na formação de Nietzsche, contudo, seguindo Victor Bouillier pretendemos mostrar "[...] que Nietzsche conheceu e apreciou a Gracián, que

---

1. O texto a seguir foi publicado, em uma primeira versão, em forma de artigo, na Revista *Periagoge*, Universidade Católica de Brasília, v. 1, n. 1 (2018), 3-15 (Feiler, 2018).
2. Balthasar Gracián (1601-1658), jesuíta espanhol que se destacou como escritor, pelo cultivo da prosa didática e filosófica. Entre suas obras, a que tem maior respaldo é *El criticón* e *Oráculo manual*. Como representante do barroco, seu pensamento reflete pessimismo, sem deixar, contudo, de apresentar um ser humano capaz de aproveitar a sabedoria da vida a partir da experiência.

a ele deve certas reminiscências e, inclusive, incitações; em definitivo, apesar de todas as diferenças, estes dois gênios apresentam curiosas afinidades tanto na forma quanto nas ideias"[3].

A sofisticação do estilo jesuíta, que Gracián apresenta no pensamento e na literatura, acompanha e corrobora aquele mesmo estilo que se vincula à música, à arquitetura, bem como a outras manifestações artísticas. Montserrat Cost Vicente realça "[...] a vontade manifesta do autor de alcançar a obscuridade e a ininteligibilidade da expressão através da agudez verbal e da sutileza do conceito. A conjunção de ambos os recursos, a vontade e o intelecto, daria como resultado o belo barroco, metaforização do ideal estilístico graciano[4]".

Estariam os jesuítas, de modo especial Gracián, disseminando um pensamento que denunciava os engessamentos da Idade Média tardia, para incutir uma mentalidade renovada? Teria Nietzsche a mesma intenção com relação à modernidade, ao se servir de diversas máscaras para fazer ecoar, no labirinto da existência, um conjunto de vozes múltiplas, de modo a tornar mentira tudo aquilo que foi julgado verdade e tornar verdade muito daquilo que foi tomado por mentira? Na obra *El criticón*, Gracián expõe, pelo comportamento de suas personagens, a saber, a autocrítica de Critilo e o hedonismo inconsciente de Andrelino, as sutilezas e as contradições da virtude e da moral, antecipando, com isso, elementos que apontam para o perspectivismo nietzschiano. Como Nietzsche desconhecia a língua espanhola, teve acesso ao romance e a outros escritos de Gracián, pela tradução realizada por Schopenhauer, como é o caso de *Oráculo manual*. Ele consiste num escrito, todo em

---

3. BOUILLIER, VICTOR, Balthasar Gracián y Nietzsche, in: *Cuaderno Gris*, Cultura, 22.

4. VICENTE, MONTSERRAT COST, *Amelot De la Houssaie, tradutor de Gracián*, Barcelona, Universitat Pompeu Fabra, 131.

aforismos, que versam sobre os mais diversos temas, como, por exemplo, o que segue: "Entrar com a alheia e sair com a sua. É estratagema do conseguir"[5].

O estilo aforismático e a capacidade refinada de dissimulação, somada a um estético sublime e uma crítica dura e implacável a tudo aquilo que se pretende eterno, fazem de Gracián um autor que, em muitos aspectos, lembra a escrita filosófica de Nietzsche. Essa aproximação do jesuíta espanhol, inclusive, se depreende de seis ocorrências explícitas a ele na obra de Nietzsche; Bouillier diz que "Nietzsche é, igual a Gracián, um mestre do aforismo"[6].

Neste estudo temos a intenção de cotejar uma questão paradoxal que se depreende da pessoa de Gracián e de Nietzsche — a afirmação da vida que se deriva do cristianismo entendido como prática, ou seja, em que medida o refinamento e a suavidade da reivindicação da vida, sublinhada por Gracián em meio ao barroco jesuítico, corrobora as teses de Nietzsche. Com isso, atentamos às implicações no cristianismo enquanto acento em seu aspecto práxico e vital. A maneira como Gracián trata o cristianismo vem ao encontro da maneira de Nietzsche? Gracián veicula em seus escritos um cristianismo como prática, como experiência de vida.

A experiência de vida, caracterizada como uma maneira suave e enfraquecida para se afirmarem as reivindicações do cristianismo, é a forma que Nietzsche apreende da leitura refinada e complicada da moral cristã feita pelo jesuíta Balthasar Gracián. A paradoxalidade dessa avaliação se depreende da maneira pela qual esse jesuíta usa a experiência de vida como forma de afirmar o cristianismo. A acolhida do fato da vida naquilo que ele

---

5. GRACIÁN, *Oráculo manual y arte de prudencia*, § 144, 53.
6. BOUILLIER, VICTOR, Balthasar Gracián y Nietzsche, in: *Cuaderno Gris*, Cultura, 27.

apresenta de mais duro é torná-la plena, ou seja, imortal. Em que medida Nietzsche partilha dessa posição, no intuito de desacreditar o cristianismo moral, afirmando-o como prática?

A reflexão dar-se-á em três partes. Cada uma das partes segue o raciocínio indutivo, mediante a lógica de uma sequência triádica e através de aforismos que Nietzsche apresenta em *Fragmentos póstumos*, do outono de 1873 ao inverno de 1874. De igual maneira se procederá a acompanhar, em cada uma das partes, alguns dos escritos de Gracián. Em um primeiro momento seguimos o aforismo 30[32], do referido período dos *Fragmentos póstumos*, intitulado "Da simplicidade dos antigos à complexidade do cristianismo". Procuraremos responder em que medida Gracián apresenta um regresso à simplicidade dos antigos corrompida pela complexidade moralizante e proveniente de uma certa concepção de cristianismo. Na sequência, tomamos o aforismo 30[33], com o título "Os jesuítas e a reivindicação de um cristianismo suavizado". Procura-se responder ao problema de em que medida os jesuítas, em geral, e Gracián, de forma particular, desconstruíram uma concepção do cristianismo moral explícito para expressá-lo de maneira dissimulada. No terceiro capítulo, seguindo o aforismo 30[34], intitulado "Gracián e a compreensão do cristianismo como experiência de vida", investigamos em que aspectos a experiência de um cristianismo vital, em Gracián, se aproxima do estilo aforismático de Nietzsche.

2.1. Da simplicidade dos antigos à complexidade do cristianismo

> *O cristianismo apresentou as formas mais altas,*
> *porém a maior multidão está caída para trás.*
> *Isso é ainda tão difícil para represar*
> *novamente a simplicidade dos antigos*[7].

---

7. *Nc*/FP do outono de 1873, inverno de 1873-1874, 30[32], KSA, 7.743.

A maneira simples e direta do mundo antigo, de interagir com os fenômenos orgânicos, fez com que ele usufruísse, ao máximo, da potencialidade criativa. Essa riqueza especial é quebrada quando os mecanismos, pressupostos pelo advento da razão, tomam as rédeas da situação. Desse modo, aquela observação direta e imaginativa dos fenômenos naturais dá espaço ao raciocínio, pelo nascimento messiânico do conhecimento. Nietzsche mostra essa transição em seu escrito de juventude: *Sobre a verdade e a mentira no sentido extramoral*. Logo, no início do escrito, Nietzsche diz que o conhecimento foi o momento mais mentiroso já acontecido. Contudo, foi apenas um breve momento[8]. Ainda, em *A gaia ciência*, Nietzsche assim se expressa a respeito da origem do conhecimento intelectual: "O intelecto, através de descomunais lances de tempo, não engendrou nada além de erros"[9]. Tais posicionamentos, críticos ao hermetismo racional do conhecimento, nos remetem a algumas intuições que se depreendem da pena de Gracián. No primeiro capítulo de seu livro, *El criticón*, lemos: "Falta-nos comumente a admiração porque nos falta a novidade e, com ela, a advertência. Todos entramos no mundo com os olhos do ânimo fechados e, quando os abrimos ao conhecimento, o costume dos coesos, por maravilhosos que sejam, não deixam lugar à admiração"[10]. Gracián critica duramente toda a complexidade esquemática dos processos implicados no conhecer. Aquela fruição direta da plenitude do conhecimento, que se depreende da riqueza do mundo, dá espaço a mecanismos complexos e sistemáticos, escondendo toda aquela riqueza de formas, cores e texturas por causa da rigidez conceitual. Nicolás Boullosa, recorda, ainda,

---

8. "[...] animais inteligentes inventaram o conhecimento. Este foi o minuto mais soberbo e mais mentiroso da 'história universal', mas foi apenas um minuto" (*WL*/VM, I, KSA, 1.875).
9. *FW*/GC, III, 210, KSA, 3.469.
10. Gracián, Balthasar, *El criticón*, 9.

que "*El criticón* é um manual sobre o comportamento humano que inicia o perspectivismo moderno, filosofia atribuída a Schopenhauer e Nietzsche [...] tem presente a ideia de que o juízo e a verdade dependem de cada situação e estado do indivíduo"[11]. A obra de Gracián consiste numa crítica ao hermetismo da ilustração moderna, vindo, por isso, a anteceder diversas intuições do autor de *Zaratustra*.

É interessante que Gracián utiliza o mito da criação para fazer esse paralelo entre o conhecimento antes e depois do pecado original, quando os olhos dos primeiros seres humanos estavam fechados. Enquanto fechados pareciam contemplar mais coisas, uma plenitude na verdade. Quando pecaram, passam a ver o mundo de forma diferente, diz Gracián, em detalhes, porém sem aquela admiração da plenitude que a cegueira corporal permitia. Nietzsche toma este mesmo mito criacionista e o emprega em seu *Anticristo*. Contudo, embora o filósofo faça um movimento contrário ao de Gracián, em termos de pensamento, sua estilística continua muito próxima da do jesuíta espanhol. Em *O anticristo*, Nietzsche mostra que a moralização proveniente do mundo decidia por enxergar as coisas, ou seja, por querer conhecer[12]. No entanto, a moral não quer o conhecimento, preferindo a ignorância passiva e inerte, uma submissão obediente, como ele recorda, em *Aurora*, ao referir-se à moral alemã: "O homem tem de ter algo a que possa obedecer incondicionalmente — este é um sentimento alemão, uma coerência alemã: defrontamo-nos com ela no fundamento de todas as doutrinas morais alemãs"[13].

---

11. Boullosa, 2016, 5.
12. Conhecer os limites da razão — somente isso é filosofia genuína. Que finalidade teve a revelação divina ao homem? Deus faria algo supérfluo? O homem não pode descobrir por si mesmo o que é bom e o que é ruim, então Deus lhe ensinou sua vontade moral (*AC*/AC, 55, KSA, 6.238-6.239).
13. M/A, III, 207, KSA, 3.187.

Assim, embora antípoda em termos de posicionamento filosófico, Nietzsche se fascina com o refinamento estilístico de Gracián. Com o jesuíta espanhol, Nietzsche reconhece que a moral entra num processo de complexificação, atingindo o ápice do rococó e do sublime, como se depreende da carta a Peter Gast, de 20 de setembro de 1884, dizendo: "Sobre Balthasar Gracián tenho o mesmo sentimento que você: a Europa não tem produzido nada mais fino e complexo em matéria de sutileza moral. No entanto, depois de meu *Zaratustra*, de uma impressão do rococó e do sublime filigrama"[14]. A maneira como a moral passa a ser veiculada nos diversos meios não é mais como aquela que se defendia na Idade Média. O humanismo renascentista, principalmente o barroco, tem um modo muito mais sutil e camuflado para incutir a moral, como se depreende do seguinte aforismo "A virtude é o sol do mundo menor, e tem por hemisfério a boa consciência"[15]. O sol é evocado por Zaratustra como o "grande astro"[16], aquele que ilumina e, nisto, faz consistir a sua felicidade. O barroco apresenta o seu conteúdo pela beleza e sublimidade da forma; parece que este último se esconde entre o emaranhado de movimentos, cujo começo e fim não se identificam. Na biografia escrita por Curt Paul Janz é mencionada a influência de Gracián sobre a obra de Nietzsche, tanto pela tradução de um escrito patrístico de Arnóbio, como também pelo estilo que se depreende da pena do jesuíta barroco espanhol[17].

---

14. *B/C*, Carta a Peter Gast de 20 de setembro de 1884, 536, KGB, 6.535.
15. GRACIÁN, *Oráculo manual y arte de prudencia*, 109.
16. Za/ZA, I, Prólogo, KSA, 4.11.
17. "Em 19 de setembro, pede que sua mãe lhe envie uma obra em latim do padre da igreja, Arnóbio, da qual ele possui uma tradução alemã e um volume de Montaigne. Köselitz havia lido a tradução do jesuíta espanhol Balthasar Gracián (1601-1658) na tradução de Schopenhauer" (JANZ, CURT PAUL, *Friedrich Nietzsche. Uma biografia*, v. II, Petrópolis, Vozes, 2015, 244).

Através da sublimidade e da beleza das formas do barroco que Gracián divulga o seu conteúdo moral, tal como se depreende da escrita de Nietzsche, "Sêneca como uma culminação da antiga mentira moral — um mais grave espanhol como Gracián"[18], eis, portanto, a sua perspicácia e vitalidade. Nietzsche não deixa de reconhecer nisto, além de um ato de esperteza, uma capacidade de reinventar a ação, a ação nova e criativa. Ademais, como recorda Rogério Antônio Lopes, o fato de Nietzsche ter assumido determinados pontos de vista filosóficos o conduz ao desafio de comunicá-los:

> Partimos da convicção de que a dimensão retórica da obra nietzschiana, assim como o conjunto de questões que emergem a partir desta dimensão, só podem ser percebidos em toda a sua relevância quando nos confrontamos com os desafios enfrentados por Nietzsche ao tentar comunicar, de forma coerente e responsável, os pontos de vista de sua filosofia. Para isso é indispensável uma análise dos textos que Nietzsche trouxe a público, pois é neles que iremos nos confrontar com suas inúmeras tentativas de dar uma solução adequada a este conjunto de questões (LOPES, 1999, 19).

A referência acima, mais uma vez, corrobora com a nossa proposta de buscar elucidar textos que Nietzsche trouxe a público para uma compreensão da opção pelo estilo que adota. O estilo acompanha a forma, fazendo com que o pensamento possa ser mais bem comunicado. Para tanto, são necessários diferentes recursos para a sua compreensão, pondo assim em ação a nossa própria capacidade de interpretação da realidade.

---

18. *Nc*/FP da primavera de 1884, 25[347], KSA, 11.103.

Desse modo, tanto a ação da estilística nietzschiana como também a ação que caracteriza os jesuítas fazem deles alvos de diferentes interpretações. As interpretações que se destacam são as de amor e de ódio: "Aqui, teme-se o egoísmo como 'mau em si' — com exceção dos jesuítas, que concordam com os antigos, e, por isso, pretendem ser os mais eficazes educadores do nosso tempo"[19]. A maneira como os jesuítas encontram destaque no campo da educação permitiu que eles, mesmo após a sua expulsão, continuassem existindo como província independente na Rússia Branca[20]. Apesar de sofrerem críticas pelo seu viés ultramontano[21], mesmo que disfarçado por uma atitude dissimulada de suavização do peso moral, os jesuítas foram aqui e acolá recolhendo amostras de amor e ódio.

Um certo fascínio de Nietzsche pelos jesuítas, e, de modo particular, por Gracián, traz influências no conjunto de sua obra madura, de maneira especial a sua estilística. Seu rebuscamento e sua complexidade na forma faz com que o conteúdo pareça belo e suave, ou seja, aquele peso da moral cristã passa por um processo de dissimulação, mediante o afrouxamento do arco. No entanto, em Nietzsche, a opção estilística se dá muito mais pela necessidade de comunicar o pensamento. Mas a que se deve essa mobilização em prol de uma suavização em termos de costumes na vivência cristã? Em que medida a res-

---

19. *CV/CP*, V, KSA, 1.789.
20. A supressão da Companhia de Jesus se deu mediante a Bula *Dominus ac Redemptor* pelo papa Clemente XIV, em 1773, sendo sua restauração dada pela Bula *Sollicitudo omnium eclesiarum*, pelo papa Pio VII, em 1814. Portanto, durante estes duzentos anos de supressão, a Companhia de Jesus continuou existindo apenas como província independente na Rússia Branca. A czarina Catarina da Rússia se recusou a publicar a Bula papal no país para não perder a contribuição dos jesuítas no campo educacional. Cf. GALDEANO, 2013, 6.
21. O ultramontanismo consiste numa atitude tradicional da Igreja católica romana, baseada na posição da defesa da infalibilidade papal.

posta dos jesuítas foi satisfatória em termos dessa suavização do peso moral do cristianismo?

2.2. Os jesuítas e a reivindicação de um cristianismo suavizado

> Os jesuítas enfraqueceram e suavizaram as reivindicações do cristianismo, por causa disso sua potência ainda está para se afirmar[22].

A modernidade é mãe de uma tensão poderosa que se instalou na cultura ocidental pela "[...] pressão clerical cristã"[23]. No bojo dessa tensão, a Reforma protestante se afirma como um dos eventos mais marcantes. Caracterizada como a manifestação do inconformismo da massa diante da instituição, a Reforma protestante vai criando um acirramento de ânimo tão grande que resulta na cisão, na ruptura com aquela que, até hoje, era reconhecida como a mais sólida das instituições: a Igreja católica.

Diante desse quadro, marcado pela ruptura institucional da Igreja, deve se ter presente dois aspectos importantes que se fazem sentir neste contexto. O primeiro diz respeito à iluminação democrática, com os seus ideais de povo e participação, de um governo colegiado. O segundo se liga ao jesuitismo, com a busca de tornar leve e suave o jugo que acarreta o nome de cristão. Por essa razão, toda a obra jesuítica é a de revigorar, restaurar, reafirmar o cristianismo, mediante o serviço obediente e incansável à instituição católica, como o seu fundador Inácio de Loyola se expressa: "Renunciando a todo

---

22. Nc/FP do outono de 1873, 30[33], KSA, 7.743.
23. GRACIÁN, BALTHASAR, El criticón, 345.

juízo próprio, devemos estar dispostos e prontos a obedecer em tudo à verdadeira esposa de Cristo Nosso Senhor, isto é, à santa Igreja hierárquica, nossa mãe"[24]. Embora se depreenda destas palavras rigidez de renúncia ao amor-próprio e à vontade, a maneira de o praticar se dá mediante novas estratégias que querem recobrar o ânimo e a coragem, com uma abordagem suave, cândida e repleta de novas esperanças. "Fala-se da astúcia e da arte infame dos jesuítas, mas não se vê a autossuperação a que todo o jesuíta se obriga, e como o regime facilitado de vida, pregado nos manuais jesuíticos, deve beneficiar não a eles, mas aos leigos."[25] Facilitado ou não, o caminho trilhado pelos jesuítas, nesse processo de restauração das bases cristãs, se dá via os princípios da mística. André Ravier, em seu tratado sobre a fundação da Companhia de Jesus, se expressa ao tematizar o amor, que "[...] em nós comporta graus de intensidade, ele repercute mais ou menos até em nossa sensibilidade, nossa imaginação, nossos impulsos instintivos. Esses graus de amor são os graus da vida mística"[26]. A mística reflete plenitude, implicando, por isso, todas as dimensões humanas, o que repercute em forças capazes de responder aos novos desafios que se desenham em termos de missão.

O modo como os jesuítas vão respondendo a esses desafios marca o impulso milenar, de relaxamento da rigidez do arco, em nome de uma forma de viver o cristianismo mais tranquila e suavemente. Essa suavidade deriva daquilo que o fundador da Companhia de Jesus entendia ser o mais importante para uma ordem religiosa naquele período em que foi fundada, como ele mesmo se expressa:

---

24. LOYOLA, 1985, 188.
25. *MA*/HH, 55, KSA, 274-275.
26. RAVIER, 1982, 420-421.

Esta foi instituída para o aperfeiçoamento das almas na vida e na doutrina cristãs, e para a propagação da fé, por meio de pregações públicas, do ministério da palavra de Deus, dos Exercícios Espirituais e obras de caridade, e nomeadamente pela formação cristã das crianças e dos rudes, bem como por meio de confissões, buscando principalmente a consolação espiritual dos fiéis cristãos[27].

Diante das demandas missionárias, na época da fundação da Companhia de Jesus, era preciso "[...] afrouxar todo arco teso. Afrouxar com consideração, com mão solícita, naturalmente — afrouxar com compaixão que inspira confiança: eis a verdadeira arte do jesuitismo, que sempre soube apresentar-se como a religião da compaixão"[28]. Por mais que Nietzsche se oponha a toda a manifestação da religião da compaixão, a maneira pela qual o jesuitismo, com sua capacidade afirmativa e que inspira confiança propõe, revela arte, genialidade e erudição; contudo, sem um toque de rebaixamento e mediocridade. "A subordinação, que é tão valorizada no Estado militar e burocrático, logo se tornará tão desacreditada como já se tornou a tática dos jesuítas."[29] Nietzsche não nega que os jesuítas não sejam representantes da moral. Vemos isso na passagem em que Gracián aparece como representante de uma moral filosófica: "Entre moralistas — Os grandes filósofos morais. Moral até agora como fatalidade dos filósofos. Rousseau. Kant. Hegel. Schopenhauer. Lichtenberg. Goethe. B. Gracián"[30]. A maneira pela qual os jesuítas, e, entre eles Gracián, apresentam a moral, se mostra mediante um revestimento de sobriedade, o que revela a sua perspicácia. A su-

---

27. LOYOLA, 1997, 22.
28. *JGB*/BM, 206, KSA, 5.134.
29. *MA*/HH, 441, KSA, 2.278.
30. *Nc*/FP do outono de 1887, 9[11], KSA, 12.344.

tileza pela qual a moral é abordada faz dela não um peso e sim uma suavidade, o que, por sua vez, revela toda a perspicácia.

Toda essa busca de relaxamento da rigidez do arco vem marcada por uma tensão presente no movimento artístico, literário e filosófico que deriva dela: o barroco. E nele, mais uma vez, os jesuítas se revelam como homens de ação. Essa tensão é entretecida pelo movimento dos contrários, que se põem em luta a fim de alcançar uma resolução. Essa luta entre contrários é muito bem apresentada por Gracián em virtude de sua consideração a respeito da criação do mundo. Segundo ele, "[...] todo este universo se compõe de contrários e se concerta de desacertos: um contra o outro, exclamou o filósofo. Não há coisa que não tenha seu contrário com que lute"[31]. É dessa luta, entretecida e fomentada pelos contrários, que se deriva a ação. "Todo o fazer e padecer: se há ação, há repaixão."[32] Há um movimento de construir e destruir — "[...] do natural passa à oposição ao moral"[33]. Controversamente, Gracián conclui que a permanência do mundo é garantida pela sua oposição, mudança e instabilidade "[...] tanta mudança com tanta permanência [...] todas elas perecem, e o mundo sempre o mesmo, sempre permanece"[34]. É justamente nesse estado de instabilidade plena que Nietzsche constata a eternidade do instante. Este instante de plenitude, de acordo com o autor de *Zaratustra*, é marcado pela oposição entre destruição e criação, se destrói para construir e, assim, sucessivamente. Gracián constata, na alteração entre dias e noites, que "[...] a destruição de uma criatura é geração de outra. Quando parece que se acaba tudo, então começa de novo"[35]. É possível derivar dessa leitura criacionista, feita por Gracián,

---

31. Gracián, Balthasar, *El criticón*, 15.
32. Ibidem, 15.
33. Ibidem.
34. Ibidem.
35. Ibidem, 16.

pistas que apontem para a concepção nietzschiana do eterno retorno. Pois, de acordo com o autor de *Assim falava Zaratustra*, é pela destruição das antigas tábuas que se dá espaço a outras novas, e assim sucessivamente.

Como tudo se move rapidamente, nada se estabelece na forma de uma lei ou de uma regra, em torno da qual se reúne um grupo de seguidores em forma de rebanho. O jesuíta Gracián, inclusive, traz uma ocorrência que lembra a passagem de Zaratustra pelo mercado, em meio à turba. "Estava a praça feita de um grande coro do vulgo, enxame de moscas no zumbir e no assentar-se no lixo dos costumes, engordando com o podrido e hediondo das morais."[36] Gracián constata, com fino tino psicológico, o quanto de pobre, raso e superficial há em meio à turba[37]; o quanto a mera convenção carrega a marca do periférico, sem profundidade e reflexão. Por essa razão, Gracián, neste mesmo capítulo, acena para uma saída desse nivelamento por baixo, a partir do não se deixar enganar pelas aparências: "[...] o que ontem foi nome, hoje é pó, e amanhã é nada"[38]. Diante disso, a única realidade é o movimento, tudo passa, a vida é uma pulsão contínua. De modo que não há mais como se refugiar em preceitos e em qualquer pseudorrealidade que se pretenda eterna. No barroquismo de Gracián o único eterno é o movimento, a tensão, a luta, o embate. Distante de pesados e custosos preceitos, outrora sagrados, Gracián aponta para um aproveitamento do precioso tempo que se dá a cada instante, que é, paradoxalmente, um instante de plenitude. Esse instante se experimenta quem o

---

36. Ibidem, 43.
37. Apesar de existirem diversas similaridades entre *El criticón* e *Zaratustra* com relação à dita passagem da praça, Bouillier nos recorda que "[...] o sentido e as peripécias do apólogo são totalmente distintas no seu e no de Gracián" (BOUILLIER, VICTOR, Balthasar Gracián y Nietzsche, in: *Cuaderno Gris*, Cultura, 27).
38. GRACIÁN, BALTHASAR, *El criticón*, 45.

acolhe com amor: *amor fati*. Eis aí algo que responde bem a esse desafio de fruição da plenitude do instante. A própria Companhia de Jesus que, conforme seu fundador Inácio de Loyola, deve ser ligeira[39], ou seja, despida de aparatos supérfluos para atender ao essencial, que está em mudança constante, Fiódor Dostoiévski, inclusive, mediante sua afiada leitura psicológica, acentuando a importância de se ater ao essencial e não às minúcias, toma como exemplo o "[...] jesuitismo prático"[40]. Pelo senso prático, os jesuítas imprimiram um *éthos* de subscrição ao que é essencial. Diante disso, o cristianismo que se desenha passa a ser um cristianismo suavizado, despido do supérfluo e arraigado ao que muda, por isso sempre inovando. Logo, se o cristianismo não é uma lei ou uma doutrina com o que se pode caracterizá-lo? O que faz do cristianismo, entendido como essência cristã, essa realidade em constante mutação, ante o qual nada se cristaliza? E, como Gracián, e a leitura que Nietzsche faz dele, pode responder a essa concepção mutacional do cristianismo?

2.3. Gracián e a compreensão do cristianismo como experiência de vida

> *Gracián mostra uma sabedoria*
> *e prudência na experiência de vida,*
> *com isso nada se deixa confrontar*[41].

A vida, para Gracián, é o critério fundamental. Por isso, nada pode ser anteposto a ela. Ela é o valor dos valores, o fun-

---

39. "Devemos estar sempre prontos, em virtude de nossa profissão e gênero de vida, a ir pelas diversas partes do mundo, sempre que o Sumo Pontífice ou o nosso superior imediato no-lo mandem" (LOYOLA, 1997, 59).
40. DOSTOIÉVSKI, 1961, 286.
41. *Nc*/FP do outono de 1873 e inverno de 1873-1874, 30[34], KSA, 7.744.

damento de todo o valorar. Logo no início do capítulo 10, Gracián mostra a confusão que há entre os meios e o fim, denunciando o ser "[...] mais bruto que as bestas, degenerando de si mesmo, faz fim do deleite e da vida faz meio para o gosto"[42]. Aquele que não toma a vida como fim último é considerado alguém reduzido à bestialidade, porque abdica do valor fundamental de todo o ser humano: a vida. Se faz isso, abdica, inclusive, da própria condição de ser humano, para comungar da condição bestial.

O ser humano, imerso em sua singularidade, desconstrói os princípios em função dos fins. São os fins os que correspondem verdadeiramente à vida, que é sempre lançada para a frente. Os princípios, pelo contrário, lançam para trás, pois cristalizam, petrificam todas as possibilidades de mudança. Por essa razão, segundo Gracián "[...] nunca ponho diante de mim os princípios, senão os fins"[43]. O fim último com o qual cada um deveria se ocupar por excelência é a vida, com tudo o que a ela diz respeito. A vida é a "[...] a alma das ações, vida das façanhas, alimento da virtude e alimento do espírito"[44]. O que alimenta verdadeiramente o espírito é a vida, e a vida é, em última análise, fruto da ação. Por essa razão, o agir é promotor da vida em todos os seus níveis. Toda essa dimensão do trato com a vida foi um traço que "[...] Nietzsche realizou [...] pelo terreno da psicologia mundana, e é possível que o deva a alguma sugestão de Gracián, assim como certo refinamento, e seu sentido da observação"[45]. Embora Gracián e Nietzsche compartam de uma natureza aristocrática, altiva, movida por instintos de poder e domínio, no

---

42. GRACIÁN, BALTHASAR, *El criticón*, 59.
43. Idem, 64.
44. Ibidem, 173.
45. BOUILLIER, VICTOR, Balthasar Gracián y Nietzsche, in: *Cuaderno Gris*, Cultura, 33.

campo da moral é difícil estabelecer, entre eles, uma relação mais fundamental. Nietzsche se expressa sobre isso dizendo que: "O estoicismo de modo algum teria sido possível em um mundo moralista sem preconceitos. Qualquer palavra de B. Gracián ou La Rochefoucauld ou Pascal tem o sabor grego contra ele"[46]. Apesar de todos os instintos de força, Gracián ainda partilha do preconceito moral, assim como diversos outros autores.

O traço altivo de Gracián, tal como Nietzsche compreende, está no agir, neste se depreende um *quantum* de forças que quebram estruturas cristalizadas pelos nossos hábitos e crenças. O agir é criativo e inventivo; pelo agir se "[...] busca, em novas proezas, a honra ao uso"[47]. Ou seja, o uso não se reduz a mero produto utilitário, mas se eleva para além desse mesmo produto, ao nível do que cria e reinventa constantemente novos fazeres. Somente é capaz de honrar o uso ao nível da criação aquele que vive o conselho: "[...] tratar de viver"[48]. Eis, portanto, a grande máxima que se depreende do cristianismo, entendido como prática de seu fundador: promover a vida. Esta promoção, inclusive, implica "dar a vida". "Isto sim que é dar a vida e tornar imortais as pessoas."[49]

No tipo psicológico "Jesus", a ação adquire valor e reconhecimento para além da impostação da norma e da moral. Diversas atitudes que se depreendem da vida de Jesus apontam para a promoção da vida, não uma vida que possui um término, mas uma vida infinita, eterna e plena. Dizer *vida plena* não é o mesmo que subjugar a vida terrena, humana à vida divina, mas elevar, divinizar a vida humana terrena, concedendo a ela o estatuto da imortalidade. Para tanto, este mesmo patamar de vida se pode ex-

---

46. *Nc*/FP do verão de 1883, 8[15], KSA, 10.336.
47. Ibidem, 177.
48. Ibidem, 179.
49. Ibidem, 180.

perimentar em todo aquele que a concebe não como algo alheio e externo, mas como unidade reconciliada. Ou seja, a vida consiste em ser vivida como conteúdo de experiência da mais elevada fruição, que se presentifica num instante de plenitude. Por essa razão, o cristianismo, que Jesus viveu e ensinou, não é um cristianismo apenas de promessa para o futuro, mas também de experiência de vida no instante em que se vive. À medida em que se aprofunda esta vivência, tanto mais eterna ela se torna. Por isso, a eternidade da vida não constitui apenas uma promessa de futuro, mas já se realiza no instante, tornando-o pleno. Diante disso, se impõe uma meta: a de promover a plenitude da vida, amando-a e acolhendo-a para além dos ditames morais que impedem a sua fluidez. Pela capacidade de encarar a vida com tudo o que dela demanda, num sentido de totalidade e plenitude, honram-se as suas proezas. A acolhida jubilosa da vida, com tudo aquilo que dela demanda, equivale a experienciar sua profundidade, plenitude e fluidez. A vida é vivida em sua plenitude quando inspirada por uma nova ética: a ética mediante a qual nada pode se cristalizar; a ética do *amor fati*. Amar é acolher o fato, é acolher a vida em sua plenitude, alegrando-se com ela, tornando cada instante que se vive pleno, repleto de significados e perspectivas.

Em diversas passagens de seus escritos, como já temos conferido, Gracián, movido pelo ardor jesuítico, tem a intenção de propagar o cristianismo suavizado, escondendo aqueles aspectos doutrinais para torná-lo mais conforme a prática e a vida de seu fundador. O cristianismo, com essas características, somente pode ser demonstrado à medida que estiver profundamente arraigado numa experiência de vida, naquilo que a vida apresenta de mais instintivo, mais amável e sagaz[50]. Para

---

50. "Como soa jesuítico aquele amável e sagaz cicerone de Port-Royal, Sainte-Beuve, não obstante sua hostilidade aos jesuítas!" (*JGB*/BM, III, 48, KSA, 5.69).

tanto, é necessário peregrinar pela vida. Critilo e Andrelino, do romance *El criticón*, de Gracián, são dois exemplos daqueles que fazem da peregrinação a busca de viver a vida com intensidade e plenitude. Esses dois peregrinos são os peregrinos da vida, ensinando que "[...] o saber viver consiste em enfrentar o medo"[51]. Com astúcia e prudência, tendem a unir suas sendas em torno à vontade da vida, cujas ações são as chaves do ser, e quem acolher o todo acolhe, ao mesmo tempo, o nada. Age sempre como aquele que está para além do pessimismo e do otimismo, com um olhar aberto a acolher a vida como fato, por niilista que seja. "O pessimismo de Gracián não predica como o de Schopenhauer a resignação, o ascetismo e a negação da vida; igual que em Nietzsche é o pessimismo dos caracteres enérgicos que, tomando a vida como ela é, empregam todos os seus recursos para tirar dela o melhor partido possível."[52]

Embora Gracián afirme a vida com ambições práticas, Nietzsche o faz mediante aspirações de intensificação heroica e dionisíaca. Ou seja, acolher o todo é afirmar a vida como verdadeira e autêntica felicidade, e isso significa, ao mesmo tempo, desejar nada. Isto é, gozar os bens, fruir a vida, sabendo aproveitá-la nos seus aspectos tanto naturais quanto artísticos, sem uma perspectiva utilitária. Viver assim é tornar a vida imortal: *amor fati*, amando a vida em sua plenitude. A vida tem como um dos critérios para a sua vivência plena a mobilidade, para tanto é preciso vencer preconceitos de ordem moral, o que ensina o jesuíta Boscovich com a sua teoria científica de ação de pontos à distância, como acompanhamos no capítulo seguinte.

---

51. GRACIÁN, BALTHASAR, *El criticón*, 247.
52. BOUILLIER, VICTOR, Balthasar Gracián y Nietzsche, in: *Cuaderno Gris*, Cultura, 32.

Capítulo III
NIETZSCHE E A CIÊNCIA DE BOSCOVICH[1]

A leitura que Nietzsche realizou do físico jesuíta Roger Joseph Boscovich, ainda em sua juventude, o levou a buscar na física elementos que pudessem auxiliar, mesmo que ainda de forma incipiente, a diversos trabalhos que ele veio a realizar. Tais problemas, inclusive, vieram marcar o período de sua produção madura, entre os quais destaca-se a moral.

Para Nietzsche, tal como lê em Boscovich, é impossível igualar aquilo que em si é diverso. Fazê-lo equivaleria a cair num falseamento da realidade, num contrassenso, dando azo a toda sorte de preconceitos. A natureza física é marcada pela diversidade, fato este que é ponto central da tese de Boscovich, quando diz que toda a ação se dá pelo atuar de um ponto A sobre um ponto B, pontos materiais que são desprovidos de força, pois a ação se dá à distância entre eles, constituindo um momento único e irrepetível.

---

1. O texto que segue foi publicado em forma de artigo na Revista *Universitas Philosophica*, da Pontifícia Universidade Católica da Colômbia, 72, ano 36, 279-303, jan./jun. 2019 (Feiler, 2019).

Na ciência natural e na matemática Nietzsche busca inspirações para auxiliar a fundamentação de seu pensamento juvenil, e que, por sua vez, constitui a base dos elementos incipientes de seu pensamento maduro. Essa busca de Nietzsche foi motivada pela insuficiência de fundamentação de seu pensamento, até então dominado por um pessimismo romântico. A ampliação de seu pensamento na direção de um positivismo cético vai permitir a Nietzsche responder a alguns problemas que estão além do campo meramente físico, espraiando-se inclusive para o campo ético. A releitura do pensamento de Boscovich, realizada por Nietzsche, possui a intenção de elevar o pensamento ao nível da ciência. Por mais controversas que fossem as conclusões de Boscovich, veiculadas em seu famoso *Philosophiae naturalis theoria*, a teoria dos átomos temporais, que se depreende dessa leitura, exerceu uma contribuição significativa sobre o pensamento filosófico nietzschiano.

Ao traduzir a atomística temporal de Boscovich para uma atomística sensorial, Nietzsche se apropria dessa leitura da física como de um instrumental fundamental para pensar questões que estão além da ciência natural. Identificamos essa apropriação nos *Fragmentos póstumos* da primavera de 1873, em que Nietzsche trata de maneira científica a releitura de Boscovich ao acentuar que pontos atômicos atuam um sobre o outro, resultando dessa reciprocidade ativa ações à distância que constituem momentos únicos e descontínuos no tempo. Nesse mesmo ano Nietzsche escreve um pequeno texto intitulado *Sobre a verdade e a mentira no sentido extramoral*; neste opúsculo se nota a aplicação das conclusões acerca da tradução do pensamento de Boscovich no campo epistemológico e ético, como é o caso de tudo o que corresponde e o que não corresponde aos fatos, de como a mentira tomou o lugar da verdade e vice-versa, bem como as consequências disso para o campo da ética, o que diz respeito aos diversos preconceitos morais.

É justamente da ciência que Nietzsche irá extrair elementos que servirão de base para pensar diversos outros campos em torno dos quais gira o seu pensamento. A mecânica dos movimentos da atomística temporal é nada senão a descrição de concepções acerca de problemas, os mais diversos, do mundo da vida, assim como a própria matéria não é nada senão a sensação, pontos da experiência sensorial que se depreendem de vários âmbitos da vida.

A tradução de Nietzsche da teoria dos átomos temporais, que se depreendem da física de Roger Joseph Boscovich, para a linguagem de uma atomística sensorial provoca o desvelamento de vários preconceitos morais. Para Boscovich os pontos materiais são sintomas de uma ação que não é pertencente ao ponto em si, e sim se dá à distância, como resultado de um atuar de um ponto A sobre um ponto B e vice-versa. Nietzsche, apropriando-se da física quântica de Boscovich, equipara a sua dinamicidade temporal à teoria da sensação. Neste sentido, os pontos sensoriais são desprovidos de ação e toda ação é uma ação sensorial à distância, como resultado de um atuar de um sobre um outro. E cada atuar se dá em um momento que é descontínuo, único e irrepetível, portanto diverso, e que constitui os corpos. Não reconhecer essa diversidade sensorial seria falsear a constituição física dos organismos. Esse não reconhecimento não estaria ligado à origem de nossos preconceitos morais?

Principiamos a verificar a releitura de Boscovich sobre o pensamento de Leibniz e Newton e a releitura que Nietzsche realiza sobre Boscovich. Intitulamos esta primeira parte "Nietzsche, leitor de Boscovich". Na sequência, tendo presente a releitura de Nietzsche sobre Boscovich, atentamos às implicações da atomística temporal do físico jesuíta sobre o projeto nietzschiano da multiplicidade perspectivística. Denominamos esta segunda parte "De uma atomística temporal para uma multiplicidade perspectivística". E, por fim, na terceira e última parte, verificamos as implicações epistemológicas, éticas daquela tradução dos átomos temporais para uma teoria das sensações, e a nomeamos "A teoria das sensações como antídoto contra os preconceitos morais".

3.1. Nietzsche, leitor de Boscovich

No primeiro volume da biografia de Nietzsche, escrita por Curt Paul Janz, lemos que ele "[...] se dedicou à 'Philosophiae naturalis theoria', do jesuíta R. J. Boscovich, famoso e controverso em seu tempo, e cuja obra Nietzsche leu, quando a encontrou em 28 de março de 1873 na biblioteca da Universidade de Basileia"[2]. Apesar de mencionar Boscovich em apenas uma de suas obras publicadas, no aforismo 12 de *Além do bem e do mal*, há diversas referências ao físico e matemático jesuíta em seus *Fragmentos póstumos* e em sua troca Epistolar com Heinrich Köselitz/Peter Gast[3]. Além do mais, o suporte científico derivado do pensamento de Boscovich acompanha o desenrolar da filosofia de Nietzsche até o desenvolvimento de suas noções centrais. O pessimismo romântico que se expressa pelo tom predominantemente de tributo marcado, sobretudo pela redação de *O nascimento da tragédia*, vai dando espaço para uma escrita caracterizada por polêmicas específicas. Entre essas polêmicas já vai se preparando para os ataques que se depreende do período final da obra de Nietzsche, o da transvaloração dos valores. Isso corrobora as conclusões de Greg Whitlock, de que

---

2. JANZ, 2016, 440.
3. Peter Gast foi um pseudônimo atribuído por Nietzsche a Köselitz. Heinrich Köselitz procurava ser reconhecido como compositor na Itália e, como seu nome era praticamente impronunciável pelos italianos, ocorreu a Nietzsche cognominá-lo de Peter Gast. Este pseudônimo foi aceito e utilizado por Köselitz pelo resto da vida.

a influência de Boscovich sobre Nietzsche percorre toda a sua obra desde os anos de sua juventude até o tempo de seu colapso mental em 1889[4].

A fim de responder à altura aos diversos desafios que se depreendem dos mais diversos âmbitos da sociedade da época, Nietzsche sente a necessidade de se munir de alguns aparatos científicos. Sua formação não pode permanecer unilateral, mas que tenha ampliação suficiente de conhecimento para as áreas da ciência e da matemática. Uma carta de Nietzsche endereçada a Carl von Gersdorff atesta esta necessidade do respaldo científico ao seu pensamento filosófico: "[...] para comparar as ureínas[5] com as células de Darwin eu ensino o desenvolvimento do muco"[6]. É sabido, no entanto, que Nietzsche não vai se destacar como grande cientista. Os conhecimentos que o filósofo desenvolve são básicos para que acompanhe os desafios da época, e, na medida do possível, possa responder a eles.

O interesse de Nietzsche pela física quântica, no fundo, serve para responder, seguindo a metodologia científica, a problemas não diretamente científicos, mas de ordem epistemológica e ética. Essas polêmicas não tardam a ocorrer, pois já na obra *Sobre a verdade e a mentira no sentido extramoral*, do mesmo ano de 1873, todos aqueles pontos básicos dos ataques que compreendem o período maduro da obra são colocados. O tom de polêmica de Nietzsche se liga àquele de Boscovich, embora dez anos antes, pois ambos, a seu modo, ousaram quebrar paradigmas em seu tempo e em problemas específicos.

Ao opor-se à ideia leibniziana de que as mônadas são pontos materiais de força e à noção newtoniana de que os prin-

---

4. Whitlock, 1999, 187.

5. *Ureína*: substância cristalina da fórmula $CO(NH_2)_2$, incolor, inodora, não tóxica.

6. B/C, Carta a Carl von Gersdorff de 5 de maio de 1873, 301, KGB, 4.139-4.140.

cípios de gravidade, coesão e fermentação derivam de leis de forças específicos, Boscovich se apresenta como um autor controverso e polêmico. Os axiomas centrais que se depreendem de sua Teoria da Filosofia Natural são: 1. Doutrina da continuidade, tal como enunciado por Leibniz, segundo a qual cada coisa toma o seu lugar por passo, nada acontece *per saltem*; 2. Doutrina da impenetrabilidade, que defende a tese de que dois pontos materiais não podem tomar o mesmo lugar no espaço simultaneamente. Frente à oposição à Leibniz sobre as mônadas como pontos materiais providos de força, Boscovich defende que tais pontos materiais ocasionam uma ação à distância. De modo que a sua tese principal se resume na ideia de que a matéria é composta de pontos discretos, perfeitamente indivisíveis e não estendidos. Assim, os pontos materiais de Boscovich são como as mônadas de Leibniz, com a diferença de que são inativos. A força desses pontos se manifesta a partir da distância entre cada par de pontos, sendo a magnitude da força, sua aceleração, medida pela distância entre os pontos: quanto maior a distância, a força é menor, atrativa, e quando menor a força é maior, e passa a ser repulsiva, seguindo assim uma lei contínua e definida, "[...] baseada na finitude da força no universo"[7]. Nesta constante transição entre os pontos de atração e de repulsão vai se determinando a forma da curva de força inteira, o que expressa a ordem da lei de tais forças que exercem o governo do mundo.

O legado de Boscovich sobre essa dinâmica das forças impressionou tanto Nietzsche a ponto de considerar o físico o grande representante da "[...] visão dinâmica do mundo"[8]. E, com base nessa visão dinâmica, foi Boscovich que mais influenciou Nietzsche "[...] na ideia de que não há matéria, mas ape-

---

7. WHITLOCK, 1999, 195.
8. WHITLOCK, 1999, 189.

nas forças"[9]. Aquilo que se chama massa, matéria, nada mais é que pontos atômicos em luta dispostos no tempo. A luta da qual se depreende o movimento, o princípio fundamental heraclitiano, que move o pensamento de Nietzsche passa, como recorda Matthew Tones[10], com a contribuição do fisicalismo de Boscovich a remodelar sistematicamente a teoria do devir de Heráclito, a partir de uma atualidade sensível do mundo finito do devir. A atomística temporal e pontual de Boscovich passa, através do pensamento de Nietzsche, a implicar uma atomística dos pontos sensoriais.

A teoria dos átomos temporais de Boscovich compreende pontos simples conectados com uma série contínua de instantes de tempo. Assim, "[...] um instante simples de tempo estaria conectado com uma série contínua de pontos do espaço"[11]. Apesar de a variação da distância entre os pontos implicar a variação da força, existe uma partícula de matéria que conecta com cada uma das outras partículas, não importando quão grande seja a distância entre elas. Por não admitir a extensão contínua que cresce da ideia de pontos consecutivos, não estendidos, a teoria de Boscovich difere e ultrapassa a teoria de Leibniz. Muito embora a força seja a mesma do sistema de Leibniz, resultante da compenetração de todos os tipos de pontos consecutivos não estendidos.

Diferentemente de Newton, Boscovich, movido pela flexibilidade da natureza dependente da composição das forças com as quais as partículas de matéria atuam umas sobre as outras, derivou todos os princípios, de gravidade, coesão e fermentação de uma única lei das forças — de repulsão e atração conforme a menor ou maior distância entre os pontos, respectivamente. As forças vão constituindo uma curva que é de extensão con-

---

9. Ibidem.
10. TONES, 2015, 308.
11. BOSCOVICH, 1922, 51.

tínua que se depreende da natureza, assim como todos os movimentos têm lugar em linhas contínuas. Esse movimento que se dá no tempo em linhas contínuas compostas de dois pontos A e B, um atuando sobre o outro reciprocamente, foi lido por Nietzsche sobre a teoria de Boscovich. Essa atomística filosófica original, que se traduz numa visão dinâmica da matéria, foi, segundo Pietro Gori[12], o que motivou a leitura de Nietzsche sobre o jesuíta. A ação efetivamente é o atuar dos dois pontos um sobre o outro. "O que chamo sobretudo A é inalterado como sempre o mesmo e em cada momento. Então, A não é nenhuma força que atua [...] tomamos a atividade no tempo, tanto é que em cada menor espaço de tempo de atividade está um expirar."[13] Está aí pois evidenciado que no tempo há um persistir da força, que não permite engessamentos, tudo está a todo momento em constante mudança.

Nietzsche aplica essa ideia das mudanças constante, presente na força que se manifesta no tempo entre pontos atômicos, sobre a metafísica e a moral. Isso já se mostra claramente demonstrado no tratado juvenil *Sobre a verdade e a mentira no sentido extramoral*, "[...] em que sua filosofia se mostra pela primeira vez abertamente"[14]. Ou seja, aqueles grandes temas polêmicos que seguirão até a maturidade do pensamento de Nietzsche já estão todos postos.

Boscovich desenvolve, como um dos pontos fundamentais de seu pensamento, a ideia de que a força deve ser mútua e atuar em direções opostas, alternando a velocidade do corpo, da qual demanda o princípio de ação e reação: "A força é mútua com atos em direções opostas"[15] influenciou a concepção nietzschiana

---

12. Gori, 2007, 52.
13. *Nc*/FP da primavera de 1873, 26[12], KSA, 7.575.
14. Ross, 1994, 333.
15. Boscovich, 1922, 77.

do movimento no tempo. "O movimento labora em uma contradição, que o constrói em um espaço estabelecido através da recepção de um tempo, e novamente esta lei se faz impossível; isto é, ao mesmo tempo é e não é."[16] Essa impossibilidade de estabelecer uma regra e/ou lei universal Nietzsche expressa em seu tratado *Sobre a verdade e a mentira no sentido extramoral*: "[...] o emprego da máscara, o véu da convenção, a comédia para os outros e para si mesmo, [...] são de tal maneira a regra e a lei, que quase nada se torna mais inconcebível que o aparecimento de [...] um instinto de verdade"[17]. Neste sentido, se o intervalo da relação do atuar entre todos os átomos temporais que compõem o mundo guarda no tempo um espaço infinito, então cada instante em Nietzsche é um instante infinito que quer se afirmar. E se colocar contra este processo equivale a incorrer em preconceitos sensoriais, que quer fazer de um instinto a verdade. Logo, dada a multiplicidade de instantes infinitos que cobre a face da terra, estamos diante de átomos temporais que abrem para uma multiplicidade perspectivística. Como essa multiplicidade atômica em perspectivas atua no âmbito sensorial?

3.2. De uma atomística temporal para uma multiplicidade perspectivística

Para que a massa corpórea seja possível, Boscovich considera necessário um número de várias combinações entre os pontos atômicos. Esse grande número de combinações torna a massa de elementos perfeitamente homogênea e simples. Pois, na natureza há toda uma série de curvas de forças derivadas de uma corrente de raciocínio do fenômeno natural, que vai

---

16. *Nc*/FP da primavera de 1873, 26[12], KSA, 7.576.
17. *WL*/VM, I, KSA, 1.876.

determinando a constituição dos elementos primários da matéria derivados das forças. Logo, estes elementos primários da matéria estão totalmente unidos em um todo sem partes, são não compostos e não estendidos, de onde segue que: "O corpo é uma massa composta de pontos de força da inércia junto com as forças ativas"[18]. Ou seja, a força dos pontos é inerte, pois não são dotados de forças, como dito anteriormente, e as forças ativas se depreendem da atuação entre os pontos. O passo que estamos dando aqui é mostrar que é necessária uma diversidade imensa de relações entre pontos atômicos, e estes vão constituindo a massa material. Nietzsche compreende cada átomo, tal como herda da leitura de Boscovich, como um pequeno infinito, assim como também cada intervalo entre os átomos é um infinito e indivisível, de modo que ao fim e ao cabo "[...] todos os átomos pontuais se juntam em um ponto"[19]. Estes constituem, portanto, uma única massa homogênea.

A concepção de cada corpo espacial, de cada intervalo de tempo como um dado corpóreo simples e homogêneo, faz pensar que todo o mundo possível não passa de mero fenômeno. E em cada fenômeno deste é possível ser posto um ponto no espaço, e assim infinitas vezes. Nietzsche lança aqui as bases científicas para a doutrina do eterno retorno, acentuando uma visão dinâmica do mundo. "Só depois de anos inteiros de silêncio absoluto pretendia aparecer entre os homens como mestre do eterno retorno! Tratava-se de uma ideia absurda? Era genial? O que ele havia lido de ciências naturais com o velho jesuíta polaco[20]

---

18. Boscovich, 1922, 157.
19. Nc/FP da primavera de 1873, 26[12], KSA, 7.576.
20. Sabe-se que Boscovich não era polaco, e sim croata. Nietzsche menciona no aforismo 12 de *Além do bem e do mal* Boscovich equiparado a Copérnico, este sim polonês. "Graças, antes de tudo, ao polonês Boscovich, que foi até agora, juntamente com o polonês Copérnico, o maior e mais

Boscovich?"[21] Pela atomística temporal Nietzsche pensa uma multiplicidade de fenômenos simples que se dispõem no tempo e no espaço, e a cada disposição vão constituindo múltiplas perspectivas, pois cada ponto de tempo é distinto pela força que deles se depreendem no atuar mútuo, ainda que cada ponto, visto isoladamente, permanece o mesmo. Assim, temos que o eterno retorno é o retorno infinito dele. Pois aqueles mesmos pontos irão retornar uma série de vezes. Cada retorno constitui um intervalo em que os pontos de tempo infinitos impossibilitam pensar todo um mundo corporal. Este último é um corpo em linhas fragmentadas, ou seja, uma curva de linha de forças. Boscovich compreende que a cada curva de linha de forças segue uma série de curvas similares proporcionalmente no universo. E tudo isso em conformidade com a simplicidade com que contemplamos as coisas na natureza.

Essa simplicidade da natureza, tal como Boscovich tem concebido, serve de base para Nietzsche elaborar a sua teoria sobre a natureza, que está além de toda a complexidade científica e metafísica. É nada mais senão um vitalismo, fundado na terra que segue suas funções orgânicas, compreendidas por pontos que agem um sobre o outro reciprocamente. E neste atuar mútuo, quando há áreas que sejam parcialmente atrativas e parcialmente repulsivas, suas diferenças devem ser levadas em consideração, a fim de marcar os limites das forças que atuam em direções opostas. Pois essas mesmas forças estão relacionadas às diferenças de opostos. E nessa oposição, pela

---

vitorioso adversário da evidência" (*JGB*/BM, 12, KSA, 5.26). Essa atribuição de cidadania polonesa a Boscovich se dá por dois motivos: a) pela proximidade da genialidade de Copérnico; b) pela verdadeira devoção que Nietzsche tributou ao povo polonês, além disso ele mesmo se dizia descendente de poloneses.

21. Ross, 1994, 653.

atração e repulsão, o movimento é garantido. Assim, na natureza não há forças vivas e sim fenômenos naturais dos quais se depreendem movimento e equilíbrio. Tudo visa ao fim e ao cabo a busca de um equilíbrio que age em um plano natural, conectado pela flexibilidade, coesão e forças mútuas. O que resulta em um ponto que é o centro de oscilação e da suspensão, mutuamente relativos um ao outro. Estes constituem, em linguagem nietzschiana, em instantes de plenitude, embora não passem de apenas instantes que envolvem a totalidade. A cada equilíbrio novo que se atinge, uma nova perspectiva se exerce, e, consequentemente, novas forças são demandadas para operar uma nova oscilação, e assim sucessivamente, numa multiplicidade de curvas de forças.

Observada na natureza dos corpos das várias espécies, as forças são responsáveis por manter suas partes perfeitamente unidas, constituindo uma conexão contínua. A extensão destes mesmos corpos cresce à medida do aumento de forças repulsivas. A diversidade das forças de coesão e de resistência, pertencentes à distribuição nas diferentes partículas, é a responsável pelas diferenças principais da grande variedade de corpos. Contrário a tudo o que inspira uniformidade e massificação, Nietzsche aposta na força da diversidade, inspirado na ciência. A pluralidade dos componentes de um corpo marca a sua constituição que é única, ao lado de diferentes corpos. Portanto, a diversidade se faz presente necessariamente desde a constituição até o acabamento final dos vários corpos que compõem a natureza. E a cada novo corpo uma nova perspectiva se inaugura, num movimento que continuamente se repete. Essa repetição é demandada por um pequeno ponto que permanece: "[...] este ponto pensou em um momento de menor tempo que repete"[22]. O "eterno retorno do mesmo" se dá por este pequeno

---

22. *Nc*/FP da primavera de 1873, 26[12], KSA, 7.577.

momento de tempo, que, no fundo, é derivado daqueles pontos atômicos que permanecem sempre os mesmos, já que não são dotados de força. Esta força só é possível pelo atuar que se dá, simultânea e reciprocamente, sobre um e outro ponto, à distância. À medida do atuar, pela oposição entre pontos contrários, uma nova perspectiva se inaugura para o enriquecimento das diferenças, que se manifestam desde o funcionamento orgânico do mundo até o desempenho dos aparelhos sensoriais.

O atuar constante da física não pode permanecer apenas como mero atuar mecânico. As forças que se depreendem das relações entre os átomos implicam um vitalismo orgânico, "[...] há uma tentativa em construir uma ponte que ligue o mundo da força atômica e o da vida orgânica"[23]. Há implicações no campo sensorial, a saber, sobre a multiplicidade de pulsões que provém não simplesmente do funcionamento orgânico, mas que possui componentes de ordem cognitiva. Esses componentes serão um dos grandes alvos da crítica de Nietzsche, não da maneira como contribuem para a ação dos organismos vivos, e sim por uma compreensão que fez da consciência a sede de todos as concepções morais. Por essa razão, Nietzsche identifica essa consciência como má consciência, já que, de acordo com a sua compreensão, falsificou o que se compreende com esta dimensão: não como aquela que potencializa o movimento do atuar que produz o criar, mas que engendra preconceitos de ordem moral na consciência, tornando-a engessada e incapaz de romper os limites que se impõem ao seu campo de ação para expandir o movimento do criar.

Perguntamos: em que medida os átomos temporais, lidos dentro de uma teoria das sensações, traz implicações epistemológicas e éticas capazes de desfazer preconceitos que impedem o atuar?

---

23. Whitlock, 1999, 195.

3.3. A teoria das sensações como antídoto contra os preconceitos morais

Das reflexões dos capítulos anteriores fomos levados a perceber que os pontos atômicos são desprovidos de força, permanecendo, por isso, sempre os mesmos. Contudo, esses átomos tendem a atuar sobre outros pontos, reciprocamente, por essa razão a sua ação é sempre à distância. Portanto, o resultado do atuar entre os pares atômicos é nada senão uma multiplicidade de corpos que a cada momento abre para uma perspectiva diferenciada. Essa variedade de corpos e fenômenos é relativa às forças com as quais os pontos, ao atuarem sobre um e outro, formam uma partícula e que, por sua vez, atua sobre outra partícula. Um atuar caracterizado seja pela atração, seja pela repulsão até formar a massa de grande número de partículas.

Todo esse incomensurável número de partículas se move no tempo, seguindo as diferentes direções e combinações, resultando na magnitude que é o fenômeno da natureza. Essas diferentes combinações das circunstâncias individuais, pertencentes aos diferentes pontos, são responsáveis pela sensibilidade. Aplicados aos aparelhos sensoriais, todo movimento que envolve pontos, partículas e massas contribui para a manutenção de sua individualidade. A sensação, compreendida em sua essência, consiste em figuras sutis no tempo, num sentir e medir. A representação dessas figuras se dá uma ao lado da outra de acordo com a continuação do mundo. Pois a ordem dele foi a garantia da regularidade das figuras no tempo. É no tempo que se dá a atuação das forças e a consequente manifestação das sensações.

Portanto, se as sensações são resultado de um constante atuar de um ponto sobre o outro, reciprocamente, então impedir esse campo de ação equivale estabelecer limites na manifestação das forças. O impedimento dessas forças conduz ao estabelecimento de toda sorte de preconceitos, que no fundo são aqueles conceitos que já não podem mais ser aplicados às coisas, pois perderam a sua força e se tornaram obsoletos. Neste sentido, Nietzsche se expressa em uma carta de 20 de março de 1882 a Heinrich Köselitz: "Se uma coisa é bem refutada então isso é um preconceito da matéria e na verdade não por um idealista senão por um matemático — por Boscovich. Ele e Copérnico são ambos os maiores adversários da aparência"[24].

Ainda em uma importante referência a Boscovich em *Além do bem e do mal*, única em uma obra publicada, Nietzsche enfatiza que "[...] enquanto Copérnico nos persuadiu a crer, contrariamente a todos os sentidos, que a terra *não* está parada, Boscovich nos ensinou a abjurar a crença na 'substância', na 'matéria', nesse resíduo e partícula da terra, átomo: o maior triunfo sobre os sentidos que até então se obteve na terra"[25]. Há um grande problema quando uma aparência quer reivindicar o estatuto de verdade. Aquele instinto de verdade, evocado em *Sobre a verdade e a mentira no sentido extramoral*, reproduz o resultado do déficit da ação sobre o aparato sensorial. "Quer dizer que agora fixou-se o que deve ser 'verdade' daqui em diante, isto significa que se encontrou uma designação uniformemente válida e obrigatória para as coisas e a própria legislação da linguagem contém as primeiras leis da verdade: pois nasce aqui pela primeira vez o contraste entre a verdade e a mentira."[26] Esse contraste só foi possível, no fundo, porque houve uma ausência de movimento, de forças. O estancamento da ação abriu espaço para a fixidez conceitual. Aquele conjunto de metáforas, metonímias, antropomorfismos, ao passar por um

---

24. *B/C*, carta a Heinrich Köselitz de 20 de março de 1882, 213, KGB, 6.183.
25. *JGB*/BM, 12, KSA, 5.26.
26. *WL*/VM, I, KSA, 1.877.

longo tempo de uso, acaba se transformando em uma realidade solidificada, firme, regular e constrangedora[27].

Toda essa realidade de solidificação da verdade, aplicada ao campo moral, faz da verdade um dogma, uma lei que uniformiza e impede que aquela riqueza presente na força sensório-linguística da metáfora se expresse. O que resulta desse processo não é nada senão preconceitos que comumente se denominam como verdade. Assim, a física atômica no sentido parmenídico, da qual se depreendem forças invariáveis, tomada ordinariamente no tempo, não podem atuar. Para atuar, é necessário que sejam variáveis, abertas, despidas de preconceitos, já que toda força possui sua razão de ser no tempo. A força é ação que se depreende da atuação entre dois pontos, à distância, no intervalo entre eles, que é o tempo, quando se concretiza a ação. Sendo uma força à distância, pouco se sabe sobre ela, é impossível esgotá-la. A expressão da força se dá em graus que pode ser de aceleração suprema, de onde se depreende o grande infinito. A força é, portanto, um movimento para além de todos os preconceitos, dela pouco se sabe porque tudo o que dela se dissesse como verdade seria novamente um preconceito, por ela se abre um sentido infinito e pleno de sentido, que é o campo das múltiplas perspectivas, as quais destroem os preconceitos.

A quebra dos velhos paradigmas, que Nietzsche já antevê nos textos de 1873, no fundo são inspirados na teoria da ciência natural, de que nenhum movimento que acontece no tempo é constante. O tempo que compreende o intervalo entre os pontos A e B é sempre descontínuo, como momentos de diferença, marcados por uma ação à distância. Ou seja, a ação resulta da atuação dos pontos mutuamente; por isso, dadas as circunstâncias em que uma destas atuações acontece, modifica-se a ação resultante.

---

27. Idem, 880.

A atomística temporal supõe sempre um tempo e um espaço, pois é neste tempo e espaço que a qualidade do momento dinâmico acontece. Esse momento dinâmico, ao fim e ao cabo, se identifica ao ponto sensível. Por essa razão, a atomística temporal é, no fundo, uma teoria da sensação. Portanto, toda a precisão científica que se depreende da teoria dos átomos temporais é transferida para a teoria dos pontos sensoriais, a saber, para uma nova epistemologia, gnosiologia e uma moral, o que implica desfazer de preconceitos que foram tomando conta do funcionamento do aparelho sensorial, dando assim margem a toda sorte de mal-entendidos. O desfazer desses preconceitos morais pela teoria dos pontos sensoriais, via átomos temporais, equivale a inspirar-se no funcionamento da própria natureza que, com sua simplicidade, tal como é compreendido por Boscovich, apresenta a clareza da forma física e linguagem correspondente imediatamente acessível.

É na ciência de Boscovich que Nietzsche vai buscar fundamentação para a superação de preconceitos na ordem moral. Com isso, mais uma vez, se depreende pela atuação dos jesuítas uma compreensão renovada no que diz respeito à moral. Dando um passo além, vamos aprofundar ainda mais como os jesuítas compreendem a moral. E o faremos pelo movimento inverso, de como os jesuítas do sul do Brasil recepcionaram o filósofo alemão no mais importante centro de formação clerical, como apresentamos neste último capítulo que segue.

Capítulo IV
NIETZSCHE E SUA RECEPÇÃO NO SUL DO BRASIL[1]

O Index da biblioteca do Seminário Central Nossa Senhora da Conceição em São Leopoldo (RS), guardou grande parte da obra filosófica que, nos anos que antecederam ao Concílio Vaticano II, esteve grandemente sob suspeita. Dentre este arsenal de obras, se destaca a de Nietzsche, da qual se ocupa este texto. Por mais paradoxal que pareça, Nietzsche, apesar da maneira controvertida com que tratava temas como a cultura, a moral, o cristianismo, encontrou, no Seminário Central, diversos leitores. Estes, atraídos pela beleza de seu estilo e pela maneira impetuosa com que encarava os problemas de sua época, levaram o pensamento de Nietzsche, em grande medida, a sério. Pode-se inferir a hipótese de que a recepção do pensamento de Nietzsche no Seminário Central foi se configurando, de certa forma, como ferramenta para se pensarem os destinos futuros da Igreja institucional.

---

1. O texto que segue é um artigo publicado, em sua primeira versão, na Revista *Cadernos Nietzsche*, Guarulhos/Porto Seguro, v. 38, n. 3, 237-258, set./dez., 2017 (Feiler, 2017).

No pequeno espaço da Biblioteca do Seminário Central, também vulgarmente denominado de "Inferno", havia um acervo de livros considerados contrários aos ensinamentos da Igreja católica. Era o *Index Librorum Prohibitorum*, ou *Index Expurgatorius*, entidade criada em 1559 pela Sagrada Congregação da Inquisição da Igreja católica romana. A lista incluía, em nosso caso, autores literários como Rabelais (obra completa) ou La Fontaine (*Contes et Nouvelles*), pensadores como Descartes e Montesquieu, e cientícos como Conrad Gessner e Copérnico. Este último entrou na lista como consequência do processo de inquisição contra Galileu, por um decreto da Congregação da Fé, que obrigava expurgar certas passagens incompatíveis com a fé, que confirmavam que a terra não era o centro do sistema solar e, sim, o sol (teoria heliocêntrica). Johannes Kepler, como muitos outros, também foi incluído na lista por defender o heliocentrismo. A 32ª edição do Index, publicada em 1948, continha aproximadamente 4 mil títulos censurados por diversas razões: heresia, deficiência moral, sexo explícito, entre outras. Continha, junto a uma parte da lista histórica, alguns dos novelistas do século XIX, como Zola, Balzac e Victor Hugo. Entre os pensadores encontram-se Descartes, Pascal, Spinoza, David Hume, Kant, Berkeley, Condorcet e Bentham. Autores notáveis como Comte, Schopenhauer, Marx e Nietzsche, em razão dos ateísmos e hostilidades com a Igreja católica, eram nomes certos a cada edição da lista. As *Cartas Anuas*, publicadas em um anuário da Companhia de Jesus, datado de outubro de 1898 a outubro de 1899, fala sobre um caminho filosófico a ser oferecido à juventude brasileira, e, por isso, de antemão apresentava o que devia ser evitado.

Apesar de serem muitas as obras de diferentes autores presentes no Index da Biblioteca do Seminário Central Nossa Senhora da Conceição, o que nos interessa nesta pesquisa são os textos e referências a Nietzsche, já que é um estudo da recepção de Nietzsche no Brasil. Dos livros dele, presentes no Index da Biblioteca do Seminário Central, temos notícia apenas de uma edição alemã de *Assim falava Zaratustra*, de 1899, porém, fora do Index, há inúmeras referências indiretas a Nietzsche com posições as mais diversas, algumas com tons de reprovação ao autor e outras tecendo elogios a diversos aspectos de seu pensamento. É justamente essa posição diferenciada, e até antagônica, que se depreende de comentários sobre Nietzsche, que vamos destacar nessa pesquisa, analisando sua diversidade.

Ao ingressar na pesquisa, algumas considerações sobre o vocábulo *recepção* são necessárias. Ele é derivado do verbo latino *recipio, is,-ere, receptum*, é um verbo transitivo que significa aceitar, admitir, receber, acolher. Deste verbo deriva o substantivo feminino *receptio-onis*, que significa aceitação, admissão, acolhida recepção. Dada essa gama de significados, torna-se difícil avaliar em que medida o termo recepção é o mais adequado para aplicar a maneira pela qual o pensamento de Nietzsche foi introduzido no Seminário Central Nossa Senhora da Imaculada Conceição, porque não foi sem alguma hostilidade que esse pensamento atravessou os umbrais do Seminário.

Contudo, como veremos no decorrer deste artigo, ao mesmo tempo também houve gestos positivos. Um dos aspectos mais instigantes dessa pesquisa é o da variedade de posições frente ao pensamento de Nietzsche. Avaliaremos essa diversidade partindo de uma reflexão sobre autores que inspiraram a recepção de Nietzsche, seguindo por manuais utilizados nas classes do Seminário, e, por fim, a sua recepção em outros escritos, ditos e expressões.

A apresentação deste capítulo se dá em três partes, cada uma seguindo um tema específico, mas que contribui para a compreensão da pesquisa como um todo. Iniciamos o estudo apresentando alguns temas e autores que exerceram influência na recepção a Nietzsche no Seminário Central e intitulamos

"Autores que influenciaram a recepção de Nietzsche". Na sequência, mostramos a forma pela qual Nietzsche foi recepcionado mediante manuais utilizados pelos professores da instituição em questão, com o título "A recepção de Nietzsche nos manuais de aula". E, por fim, num terceiro movimento, apresentamos a forma pela qual Nietzsche foi sendo recepcionado no Seminário Central mediante diferentes expedientes, como ditos, expressões e outros escritos, e intitulamos "A recepção de Nietzsche em outros textos, ditos e expressões".

4.1. Autores que influenciaram a recepção de Nietzsche

Antes de discorrermos sobre os vários autores que deixaram escritos sobre Nietzsche, consideramos importante trazer referências às fontes nietzschianas e a autores estrangeiros que, direta ou indiretamente, influenciaram sua recepção. Como se tratava de uma instituição jesuíta, voltada à formação de líderes religiosos, era bastante marcante o elemento de crítica ao cristianismo que se depreendia da obra de Nietzsche. Por essa razão, os professores tiveram sempre o cuidado de trabalhar os diversos autores a partir de suas fontes originais. No caso de Nietzsche, como já citado na introdução, um volume de *Assim falava Zaratustra*, em alemão, é o texto de que temos notícia. Contudo, pelas citações nos diversos trabalhos sobre Nietzsche, é possível perceber que as referências ao autor se davam a partir de textos como: *A gaia ciência*, *Genealogia da moral*, *Além do bem e do mal* e *Ecce Homo*.

Tratar de um autor como Nietzsche em um ambiente eminentemente religioso tem sido um problema, por isso vale lembrar que o autor passou a ser uma ferramenta para responder a algumas questões que se depreendiam da própria vivência do cristianismo da época. Dado que o alvo das críticas de Nietzsche era o cristianismo ocidental, de herança platônica, a instrumentalização do filósofo alemão se dava justamente para desconstruir um tipo de experiência cristã baseada na aposta de um tipo de autoridade moral ideal e dualista. O cristianismo oriental, de fato, não se rendeu à herança platônica. Há, nessa tradição cristã, uma concepção de totalidade e plenitude, o que a faz respirar serenidade. Talvez seja esse aspecto cândido, terno e sereno, vivido por Dostoiévski em seu ambiente cristão oriental, que tenha impressionado Nietzsche.

A herança platônica é um traço exclusivo do cristianismo ocidental, presente desde o fomento da oposição: Deus *versus* ser humano, céu *versus* terra, até em concepções morais como as prescrições dietéticas, o encorajamento da prática de jejuns e abstinências, bem como a afirmação de uma esfera ideal, centralizadora, que se exprime através de *status* de dogma, a inerrância do papa pelo Decreto do Concílio Vaticano I (1869), denominado "infalibilidade pontifícia". Este Concílio foi motivado como reação às descobertas realizadas no campo da ciência, mostrando uma maneira de a autoridade eclesiástica rivalizar com as autoridades científicas. Evidente que as decisões desse concílio provocaram reações diversas. Não foram apenas movimentos de aceitação, o que era de se esperar para aquela época, mas também uma série de manifestações contrárias a tais decisões, que seguirão até os anos de 1961, com o Concílio Vaticano II, com um acento muito menor na dimensão institucional, e uma maior flexibilização no que tange aos aspectos dogmáticos. É aqui que Nietzsche tem ocupado, progressivamente, um papel importante, pois ajudou a se ter uma visão muito mais crítica da maneira pela qual se concebem os dogmas e as verdades de fé, bem como todo o aparato institucional. Não tardaram a aparecer inúmeros fragmentos dentro de capítulos de livros, artigos e comentários sobre aspectos para os quais o pensamento de Nietzsche poderia ajudar a trazer luzes. Em um manual de filosofia moral, de 1914, adotado para o terceiro ano do curso de Filosofia do Seminário Central, denominado *Philosophia moralis*, escrito pelo jesuíta suíço Pe. Victore Cathrein (1845-1931), lemos: "*Secundum Nietzsche doctrina moralis vigens est propria manciporum et perperam per christianismum principatum obtinuit, homines eminentes versantur trans bonum et malum*"[2]. E segue em uma edição posterior desse manual: "*Secundum Nietzsche doctrina moralis vigens fraude introducta est in favorem miserorum ideoque iterum abolenda*"[3]. O professor Cathrein, referindo-se a Nietzsche, sublinha esse aspecto de sua crítica à moral como um problema introduzido por uso indevido do cristianismo. Logo, conclui o professor, seguindo Nietzsche, por ser esta uma doutrina introduzida pelo cristianismo, para sorte dos infelizes, deve ser abolida. Já na época da publicação desse manual, havia clareza quanto ao alvo principal das críticas de Nietzsche ao cristianismo: a moral.

O manual, acima aludido, inspirou a maneira de ensinar Nietzsche por parte dos jesuítas que foram professores de filosofia do Seminário Central. Como é sabido, todos eles eram europeus, provenientes da Alemanha, Suíça e Áustria. Muitos livros e manuais eram trazidos com eles de seu país de proveniência, como é o caso do manual de *Éthica philosophica*, de autoria do Pe. Jakobus Gemmel, SJ. Esse manual inspirou, inclusive, a forma pela qual as teses eram expostas, com uma tese central (*Thesis*), a divisão da tese (*Divisio thesis*), a argumentação ou a explicitação da tese (*Argumentatio*) que se subdividia em forma de sentenças (*Sententiae*) e outros filósofos e correntes filosóficas

---

2. Segundo Nietzsche, a doutrina moral vigente é própria da emancipação e supremacia obtida falsamente pelo cristianismo, e os homens versados e iminentes estão além do bem e do mal (CATHREIN, 1907, 59).

3. Para Nietzsche a doutrina moral vigente é uma fraude introduzida para a sorte dos infelizes e deve ser abolida (CATHREIN, 1914, 75).

(*Alii Philosophi*). Neste ponto é que entravam modelos filosóficos como os de Nietzsche. Acrescentava-se, ainda, a confirmação da tese (*Confirmatio*) e, por fim, suas objeções (*Objectiones*). Pe. Gemmel diz nesse manual, sobre a filosofia de Nietzsche, que: "*Nietzsche falso intellescerat Platonem et Aristotelem*"[4]. Pela compreensão que se tinha desses dois filósofos, base do pensamento ocidental, a conclusão a que se pode chegar é a de que, qualquer que sejam as linhas de seu pensamento, serão postas sob suspeita. Gemmel acusa Nietzsche de relativista e de sofista, criticando-o por ter operado uma verdadeira inversão de valores, ao elevar os que são fortes e impiedosos e rebaixar os que são fracos, pobres e compassivos. Gemmel constata, ainda, que em Nietzsche os homens biologicamente avantajados se inspiram na força biológica dos gregos, em cuja moralidade não há espaço para debilidades. Ao passo que a raiz da pobreza, da debilidade e da invalidez se encontra no cristianismo, o grande responsável pela "*falsificaverunt tabulas valorem*"[5]. Diante disso, Nietzsche aponta para a urgência de uma "[...] *nova revolutio valorum*"[6] que para Gemmel é um "[...] *genuinum statum antichistianum*"[7]. Percebemos que Gemmel possui uma leitura bastante crítica de Nietzsche, o que pode ter influenciado de maneira decisiva a recepção de seu pensamento no Seminário Central, que compreendia tanto a maneira de ensinar a sua filosofia, bem como a sua produção.

Contudo, apesar de toda a sua criticidade, não deixa de enfatizar aspectos importantes de seu pensamento, como aquele que diz respeito ao fim da vida humana, o tornar-se aquilo que se é, como um movimento da mais pura autenticidade de vida e

---

4. Nietzsche compreendeu falsamente Platão e Aristóteles (Gemmel, 1931, 118).
5. [...] falsificaram as tábuas de valores (ibidem, 119).
6. [...] nova revolução dos valores (ibidem).
7. [...] genuína atitude anticristã (ibidem).

pensamento. *"Nietzsche circa vitae finem scribit (Also sprach Zaratustra, Aug, Kröner, 418): 'Sein bin ich ob ich in der Frevler Rotte auch bis zur Stunde bin geblieben [...] [...] Ich will sich kennen, Unbekannter, du tief in meinen Seele greifenden [...] [...] Ich will dich kennen, selbest dir dienen'."*[8] Estes versos, citados do alemão, como parte do poema intitulado *Ao Deus desconhecido*, o Pe. Gemmel, assim como tantos outros que têm se apropriado desse poema muitas vezes, mesmo indevidamente, têm a intenção de tentar mostrar em Nietzsche uma veia espiritual, seu desejo de conhecer a Deus; um conhecimento que restaurasse as forças da vida. Nesta mesma linha da afirmação da vida, Gemmel acentua o papel da supremacia do super-homem, como provindo de uma natureza humana desordenada e violenta. Isso deixa entender, claramente, sua natureza de vinculação ao pensamento nacional socialista, marca que perdurará um bom espaço de tempo, o que levantará ainda mais a suspeita sobre o pensamento de Nietzsche. Pelos dois manuais citados, percebemos que Nietzsche foi um autor que marcou profundamente, despertando posições diversas e até antagônicas, também no Seminário Central de São Leopoldo.

4.2. A recepção de Nietzsche nos manuais de aula

Catherein e Gemmel, embora não representem a recepção de Nietzsche no Brasil, certamente influenciaram autores que escreveram e ensinaram sobre Nietzsche. Eles foram justamente apresentados no início deste capítulo por serem os que plantaram as bases das duas grandes vertentes que a recepção

---

8. "Eu sou teu, embora até o presente me tenha associado aos sacrílegos [...] [...] Quero te conhecer, ó Desconhecido, tu me penetras a alma [...] Quero te conhecer e a ti servir". Esta citação do Pe. Gemmel faz parte de um poema de Nietzsche intitulado *Ao Deus desconhecido*.

de Nietzsche foi adquirindo nos anos sucessivos no Seminário Central: os que levaram a sério a leitura de Nietzsche, pensando-o como uma ferramenta, ainda que não a única, importante para a crítica, e os que o rejeitaram como uma figura negativa, falsa, e até caricata.

Endossa a primeira vertente a posição de Armindo Trevisan, que diz: "Nietzsche talvez tivesse razão ao exclamar: 'Os cristãos devem apresentar-me um rosto mais próprio de remidos e entoar-me canções mais famosas se pretendem que eu creia no redentor deles'"[9]. Trevisan segue a ideia de que o cristianismo pode incorrer no perigo de forjar pessoas entristecidas, incapazes de se alegrarem. Se a grande boa notícia que pregam não conduz à alegria, então há um problema. Segue, igualmente, essa linha de pensamento um especialista em Kierkegaard, o jesuíta Pe. Antonio Steffen (1906-1993), professor de filosofia do Seminário Central, e "[...] primeiro doutor em filosofia nascido no Rio Grande do Sul"[10]. Steffen, comentando Kierkegaard, cita Nietzsche:

> A sua fundamentação subjetivística da fé envolve uma tendência, que não só se opõe ao catolicismo, mas também ao protestantismo e em última análise se afasta de todo o cristianismo. E aqui talvez ocorra a lembrança de Nietzsche. Concluo, pois, comparando a posição desse espírito hostil a toda a religião com a de Kierkegaard, alma essencialmente religiosa. É comum a ambos a angústia perante a materialização e a decadência da humanidade. Ambos veem a causa dessa decadência na falta de compreensão para interesses superiores e na incapacidade para o esforço e a renúncia a serviço deles[11].

---

9. Trevisan, 1946, 95.
10. Leite, 2005, 171.
11. Steffen, 1958, 55-56.

A partir desta citação vemos que há uma leitura de Nietzsche muito mais otimista, ou seja, menos caricata e mais atenta a determinados problemas apresentados pelo autor, como é o caso da decadência cultural e do cristianismo institucional. A publicação deste livro ocorreu em 1958, período em que já se preparava toda uma discussão que viria a culminar no Concílio Vaticano II. O interessante é perceber em que medida a leitura de autores como Kierkegaard e Nietzsche vem trazer luzes para uma revisão da caminhada do cristianismo institucional.

O professor Steffen, assim como outros professores do Seminário Central, conseguiu identificar o problema central nas críticas de Nietzsche ao cristianismo e sua chamada de atenção à conversão a uma prática de vida cristã, tornando-o autêntico. Sobre esse ponto, o professor Décio Andriotti, SJ, endossa essa ideia dizendo "[...] Nietzsche foi autêntico em qualquer parte de seu sofrimento. A crítica, favorável ou desfavorável, não o roubava à realidade amarga. Encolhia-se na escravidão do quarto e passava dias remoendo uma existência que viveu no mais profundo do seu cerne. [...] soube solucionar o problema com o super-homem"[12]. Andriotti acentuava esse aspecto da introspecção de Nietzsche, algo que já Freud havia recordado, e com um elogio — afirmando que Nietzsche era um dos que melhor se conheceu a si mesmo.

A autenticidade é outro aspecto que Andriotti sublinha no filósofo. Ser autêntico no sofrimento engrandece ainda mais a sua figura. Enfim, a descrição de Nietzsche, feita por Andriotti, dá a ideia de que o filósofo alemão possui traços estoicos bastante acentuados, lembrando a figura de uma espécie de eremita. Portou-se como alguém que abraça a solidão para melhor fruir a sua existência, ao modo daquele que deixa a confusão da cidade e sobe a montanha, para, na solidão e no silêncio, apren-

---

12. ANDRIOTTI, 1946, 83-84.

der "[...] de acordo com muitos dos conselhos de Zaratustra"[13]. É uma solidão que implica o cultivo de si mesmo. O cultivo do silêncio, pelo afastamento das aglomerações, tem sido algo muito incentivado pelo ascetismo cristão. Por essa razão, mais uma vez o pensamento de Nietzsche é valorizado. Inclusive, de acordo com depoimentos de diversos religiosos jesuítas, ao se sentirem desolados, transtornados, recorriam comumente aos escritos de Nietzsche, que funcionavam como bálsamo para a alma e o vigor para a vida. Como uma força, uma potência que brota da pura vontade individual de se autossuperar, tal como acompanhamos nas palavras de Andriotti: "[...] a realização de todo ideal de vida só culminaria por uma espécie de sacrifício cujo conteúdo específico não é o nobre sofrimento tradicional, mas a essência da 'força de poder' individualista; a significação do ato passa a ter pinceladas de Nietzsche"[14] e "[...] como Nietzsche levando às últimas consequências o resultado da filosofia tradicional e da 'força de poder' de Schopenhauer, criou o 'super-homem'"[15]. A chamada de atenção para o exercício da responsabilidade individual, para além de um protecionismo divino estranho e descompromissado é o que vai movendo as diversas reações intelectuais contra o centralismo da inerrância do papa. Reações que têm no pensamento de autossuperação nietzschiana, entre outros, um apoio incondicional.

Há uma verdadeira ânsia por mudanças. Se é possível observá-las na natureza, então por que também não ocorriam na cultura e na mentalidade humana? O Pe. Augusto Brunner, SJ, por isso, assevera: "Se na natureza se destrói toda a consciência pela evolução das espécies, por que na espiritualidade admiti-la sem demonstração, mesmo contradizendo a evidência? Já em

---

13. Ibidem, 86.
14. Ibidem, 90.
15. Ibidem, 95.

Nietzsche tomam vulto semelhantes dúvidas"[16]. Se tudo respira a transformação, motivada pelas descobertas no campo científico realizadas por Charles Darwin, então a pergunta que se fazia na época, também no campo do pensamento e da teologia, é a de por que ainda se insiste em seguir perseguindo a ideia da rigidez e da imutabilidade, típica da estrita observância oriunda das declarações dogmáticas do Concílio Vaticano I. Nesse âmbito passam a ser repensadas as noções de progresso, história e revolução, como acompanhamos na reflexão do Pe. Antônio Thill (1898-1973): "Progresso, mas para quê? E para onde? Para todos os homens ou somente para uns privilegiados? (Nietzsche disse que a história é um desvio da natureza para se chegar a uns super-homens [...]). Seria então a história apenas a preparação onerosa de uma casta final de herdeiros? Onde ficariam as bênçãos da 'Grande Revolução'?"[17]. Uma pergunta que se depreende dessa reflexão de Thill é a de quem arcaria com o ônus dessa transmutação orgânica em direção ao super-homem. Por mais que nessas palavras exista, por um lado, um tom de crítica a Nietzsche, não deixa de provocar, por outro, questões existenciais.

Um outro tema que Thill ainda explora, motivado pelas provocações de Nietzsche, é o problema da cultura. "Cultura é a unidade de estilo; civilização é o caos. A primeira é original; a civilização é imitação que procura dar a impressão de ser criadora, fazendo reviver inúmeros fragmentos culturais. Um desses sintomas vê com Nietzsche no 'barulho da música' verdadeiramente decadente da civilização."[18] O problema de uma decadência civilizacional, motivada pelo caos da cultura, não escapa ao olhar crítico dos que leem Nietzsche, mesmo com suspeita. A necessidade de uma nova cultura,

---

16. BRUNNER, 1940, 64.
17. THILL, 1953, 31-32.
18. Ibidem, 1951, 6.

[...] ideia que também já se encontra em Nietzsche, e que caracteriza a "era da barbárie pela entrada dos russos na cultura". Para ele os russos não trarão uma nova cultura, mas serão um reforço para a cultura ocidental [...] Como Nietzsche, assume uma atitude negativa para com o cristianismo, embora menos violenta. Nietzsche nega a Deus porque sua transcendência desvaloriza o mundo; Deus precisa morrer para que o super-homem possa viver[19].

Tal como se faz necessária uma renovação cultural, prometida com o advento do super-homem, é necessária a supressão da autoridade divina — Deus; da mesma forma também a supressão da autoridade civil — o Estado. "Nietzsche tem, quanto ao Estado, uma concepção oposta. Para ele 'o homem começa onde acaba o Estado...' Cultura e Estado são antagônicos."[20] É sintomático que Nietzsche seja referido para se refletir sobre a maneira pela qual a autoridade, seja ela religiosa ou civil, tem se imposto; e isto num tempo e num contexto em que não se questionava, apenas se obedecia.

O Pe. Luiz Müller, SJ (1894-1987), professor titular da cátedra de filosofia do Seminário Central[21], em um manual de história da filosofia *In usum scholarum* (para uso exclusivo de suas aulas), apresenta uma breve apreciação do pensamento de Nietzsche que retoma várias questões anteriormente citadas, como é o caso do problema da crítica à moral e da cultura. O padre Luiz trata aqui ainda de um tema bastante delicado, aquele que vinculava o pensamento de Nietzsche ao movimento social nacionalista. Apesar de todas as suspeitas levantadas ao

---

19. Ibidem, 7.
20. Ibidem.
21. "O principal campo de trabalho de Luiz Müller foi em São Leopoldo e sua atividade primordial, o magistério" (LEITE, 2005, 125).

pensamento de Nietzsche, ele não se abstém em reconhecer a importância do filósofo em ajudar a refletir sobre aspectos que urgem transformação, em que se necessita dar um passo além. É de se julgar que Pe. Luiz esteja se unindo à voz de seus demais colegas, citados anteriormente, sobre a necessidade de revisão das declarações contidas no Concílio Vaticano I, em que, novamente, Nietzsche se torna uma ferramenta importante. Transcrevemos na íntegra as palavras de Pe. Luiz:

> Frederico Nietzsche (1844-1900) é pessimista, pior ainda que Schopenhauer. Não tirando porém as mesmas consequências como Schopenhauer, proclama Nietzsche o culto do "Ueber-Mensch", isto é, a raça do homem-superior (Hyper-Mensch), que deve subjugar os fracos (cf. o moderno nacionalismo social). Por isso, diz que o cristianismo é um regresso na cultura por ter sempre ajudado aos fracos, doentes. Não o número, mas sim a qualidade dos homens é que importa.
> Crítica: O que dizemos nós? É verdade, não o número, mas sim a qualidade importa, mas, 1. Deve-se tomar qualidade em outro sentido do que Nietzsche a tomou, isto é, importa em primeiro lugar a qualidade moral e não a qualidade corporal. 2. Ainda assim não seria lícito matar os maus para se matarem só os santos, muito menos é lícito matar os santos bem que fracos, para sobreviver os robustos, atletas, ainda que diabos.
> O "heroe" morreu enlouquecido, fato que dispensa toda a crítica. Nem para isso estas ideias estúpidas, como desastrosas ao mesmo tempo, não deixaram de acordar uma nova era, isto é, "Zurueck zu Kant" (voltar a Kant) (neocriticismo)[22].

Chamo a atenção para a nova era que o Pe. Luiz menciona em sua reflexão, que, por mais estúpida e caricata que possam

---

22. MÜLLER, 1934, 104.

tomar as dimensões do pensamento de Nietzsche, há nele algo que deve ser levado a sério para se pensar a cultura.

Um destes aspectos é o que aponta o comentário de Pe. Pedro Norberto Zahnen, SJ (1897-1952), em seu manual, utilizado na cadeira de Ética:

> *Spiritu sententiarum Nietzsche qui per suum stilum fascinantem innumerorum lectorum admirationem et enthusiasmum provocavit, sed simul inserivit <u>despectu et odium religionis christianae</u> et docuit moralem independentem ab hac religione, immo moralem oppositam, ut e. g. diceret humilitatem et abnegationem vitia, superbiam et egoismum virtutes*[23].

De acordo com Pe. Zahnen, Nietzsche chama a atenção para um aspecto fundamental na cultura: a sua dimensão estética que aponta em seu estilo de escrita. Traz Zahnen, em sua reflexão, um ponto fundamental das críticas que Nietzsche dirige à cultura, de maneira particular ao cristianismo: a moral. No entanto, se aprofundarmos esse aspecto percebemos que Zahnen apresenta uma crítica a Nietzsche pelo fato de ter acentuado uma moral sedimentada na soberba e no egoísmo contra a moral cristã da humildade e da abnegação; inclusive sublinha que Nietzsche introduziu o desprezo e o ódio à religião. Um outro aspecto da cultura que Zahnen aponta em suas observações sobre Nietzsche é a questão da política, como acompanhamos em suas palavras:

> *Quod politicam Nietzsche praedicit appariturum esse "super hominem" qui dominetur toti gregi ceterorum et imponat omnibus necessitatem*

---

23. O espírito das sentenças de Nietzsche, que por seu estilo fascinante tem provocado admiração e entusiasmo em numerosos leitores, mas ao mesmo tempo "tem introduzido desprezo e ódio à religião cristã", tem ensinado a independência moral desta religião, muito ao contrário à moral oposta, de modo que enquanto aquela afirmou a humildade e a abnegação, esta afirmou a soberba e o egoísmo (Zahnen, 1941, 315).

suae voluntatis, qui tendat in augnentum suae potentiae indipendenter ab omni morali et jure; si quis status moderatur his ideis afficitur quid erit cum idea et praxi sui regiminis?[24]

Com relação à dimensão política, Zahnen sustenta a figura do super-homem; aquele que, com sua superioridade, submete ao seu jogo a massa do rebanho. Aqui chama a atenção a leitura que Zahnen faz: ele simplesmente substitui o foco de opressão do rebanho que, no caso de Nietzsche é o cristianismo para o super-homem. A vontade de potência deste último é incrementada às custas do rebanho. Essa leitura dá margem para a crítica que há muito foi tributada a Nietzsche, a de que sua filosofia estivesse incrementando um tipo de visão antropológica eugênica, base de uma política social nacionalista. Esse tipo de leitura da filosofia de Nietzsche foi talvez um dos mais perniciosos para suas pesquisas futuras, o que o relegou durante muito tempo a uma posição caricatural. Disso resultaram inúmeros ditos e expressões que, em diversos casos, se afastaram do sentido de seus escritos, repercutindo em retrocesso quanto às pesquisas acerca do pensamento de Nietzsche.

4.3. A recepção de Nietzsche em outros textos, ditos e expressões

Diversos textos como o do jornalista, político e teólogo Plínio Salgado, representante do movimento integralista, figurava

---

24. Acerca da política, Nietzsche prediz que deve aparecer um "super-homem" que domine todo rebanho alheio e imponha a todos a necessidade da própria vontade, que tenda a aumentar seu próprio poder livre de toda a moral e lei; Se uma instituição é governada influenciada por essas ideias, o que será da ideia e da práxis do seu governo? (Ibidem).

entre o acervo da biblioteca, acessível a todos de maneira livre. Esse autor, conhecido por sua marca anticomunista, traz em um texto seu uma referência bastante importante sobre o perigo de autores como Marx e Nietzsche.

O comunismo é a expressão agressiva, dogmática e niilista do materialismo. Origens filosóficas do comunismo: "É a filosofia da ação que encontramos em Nietzsche e Marx". Inspirados ambos em Hegel: "O materialismo de Nietzsche, através de Max Stirner, encontra-se no idealismo de Hegel, da mesma maneira, como através de Feuerbach, Marx se radica na mesma origem filosófica"[25].

Chama a atenção, por esse excerto, que os escritos de Nietzsche são temidos por estarem associados ao comunismo, principalmente pela dimensão de práxis que inspiram. Nessa mesma linha, Pe. Leonel Franca, SJ (1893-1948)[26], apresenta o pensamento de Nietzsche e o de Marx ligados a um terrenismo, na exaltação seja do herói individualista, o super-homem, seja do coletivismo proletário. "O próprio Nietzsche, que na magia de um estilo incandescente, fulmina os 'coveiros da vida' e entoa cantos de vitória à glória do super-homem emancipado, descreve-nos por vezes, num trágico impressionante, o 'nada infinito' do Sem-Deus."[27] Além disso, o Pe. Franca acentua, no pensamento de Nietzsche, a sua dimensão orgânica através da corrente de pensamento denominada vitalismo: "[...] é Nietzsche quem desenvolve o vitalismo de modo inteiramente consequente e lógico"[28]. O vitalismo, tal como acentuado pelo Pe. Franca,

---

25. SALGADO, 1957, 81.
26. Pe. Leonel Franca, SJ, nascido em São Gabriel (RS), em 1893, foi um jesuíta de destaque, fundador da PUC/Rio.
27. FRANCA, 1941, 144.
28. FRANCA, 1921, 244.

destaca a dimensão da práxis, fundamental para pensar a ética em Nietzsche, uma ética da vida, da ação e da prática.

Curiosamente, se por um lado essa mesma práxis é questionada por conduzir ao comunismo, por outro é valorizada por atender a uma dimensão humana efetiva, a vida, como lemos nas palavras de Pe. Orlando Vilela (1914-1989): "[...] o cristão deve ser um homem deste mundo, como qualquer outro, e mesmo mais do que qualquer outro. Sim, mais do que qualquer outro, ele deve ser 'o sentido da terra', para usar de uma expressão cara a Nietzsche e também a Teilhard de Chardin"[29]. Um curioso paralelo, ou convergência de atenção, pode ser estabelecido entre a recepção de Nietzsche e a recepção de Teilhard de Chardin. Para a época em que foi escrito esse comentário, parece bastante curioso, pois foi um período sacudido por inúmeras transformações oriundas do Concílio Vaticano II, um órgão de autoridade máxima na teologia da Igreja católica. Assim, dizer que o ser humano é o sentido da terra é o mesmo que endossar um aspecto muito importante presente nos decretos do Vaticano II, que é o sentido de encarnação. Ressalta-se a dimensão humana de Jesus, como aquele que fruiu ao máximo a vida, a valorizou e a afirmou. É curioso, igualmente, o fato de Nietzsche ser colocado ao lado de Teilhard de Chardin (1881-1955), um paleontólogo jesuíta que, por suas ideias avançadas a respeito de uma releitura do evolucionismo de Darwin, sintetizadas principalmente em seu *Fenômeno humano* foi, durante muitos anos, exilado na China a fim de não divulgar essas ideias. Inclusive, dos anos de 1925 a 1962 seus livros estiveram inclusos no Index. Contudo, chama a atenção que a Igreja venha a reconhecer no pensamento desse religioso elementos que não estão em contradição a sua doutrina, mas ajudam a esclarecê-la. Segundo diversos testemunhos, algo talvez

---

29. VILELA, 1968, 35.

parecido tenha ocorrido, porém, muito tempo após o dito reconhecimento do pensamento de Chardin, com o pensamento de Nietzsche. Toda a crítica que Nietzsche faz ao cristianismo, como um platonismo para o povo, em grande parte contribuiu no processo que veio a culminar com o Concílio Vaticano II.

Nesta altura de nossa pesquisa ilustramos, ainda, um aspecto que até os dias atuais é motivo de comentários entre vários jesuítas. Conta-se que um dos padres, o alemão Pe. Antonius Kordt, SJ, que fora, durante quase toda a sua vida, bibliotecário nessa instituição, em seu leito de morte, que se deu em 1970, entre delírios, tenha feito afirmações como esta: "Nietzsche hat recht – es gibt kein Gott"[30]. Assim, amado ou odiado, compreendido ou mal-entendido, o pensamento de Nietzsche certamente marcou todo um longo período histórico que dominou a existência do Seminário Central Nossa Senhora da Conceição.

---

30. Nietzsche tinha razão – Deus não existe.

Capítulo V
CONSIDERAÇÕES FINAIS

Pelo caminho que empreendemos, longe de esgotar o assunto, acreditamos ter conseguido abrir algumas possíveis chaves de leitura a respeito das referências nietzschianas aos jesuítas.

No aforismo que diz respeito à ordem dos jesuítas: comparável a uma obra de arte, porém sem artista, ao mesmo tempo à corporação dos oficiais prussianos, Nietzsche toma dois aspectos: a livre criação estética e a obrigatoriedade da norma disciplinar, e os aplica à ordem dos jesuítas. Dois aspectos que parecem contrários; se de um lado há liberdade, de outro há obrigatoriedade, que acaba destronando a liberdade. Bem, é justamente esta a ideia do filósofo alemão: unir os contrários a fim de se viabilizarem as condições para que a batalha inicie e a tragédia se concretize.

Diante disso, tal como acompanhamos no decorrer do texto, fica difícil saber os limites exatos entre a valorização e o rechaço de Nietzsche para com a ordem dos jesuítas. É certo que ele os vê como homens imbuídos de ação. Uma ação criadora de um modo de vida, uma postura existencial, de um *éthos* singular. Os jesuítas lutaram para conduzir a bom cabo a missão para a qual foram fundados: a ortodoxia católica. Nesse sentido, empreenderam uma verdadeira luta, mas uma luta que não se tornou ressentida e sim afirmativa. A sobriedade de seus gestos e posturas é prova de que ousaram assumir, mediante sua própria vida, as vezes da vida que pertenceu àquele por quem foram fundados: a própria vida de Jesus. Ser assim como Jesus foi a sua máxima, perseguida a todo o instante de suas vidas. Dela constituíram seu próprio instrumento de missão.

Assim, pela sua argúcia, pela impassibilidade perante os opositores, pela coragem e disposição, os jesuítas fizeram de sua ordem uma ordem da ação. Independentemente dos fins para os quais foram fundados, os jesuítas, na visão de Nietzsche, souberam, artística, criativa e disciplinadamente, cumprir a sua missão. E isso representou não pouco para uma cultura de ideário superior.

O percurso, realizado por alguns escritos de Balthasar Gracián e suas influências no pensamento de Nietzsche, fez-nos perceber que a vida, na sua dimensão de experiência, é o que pode servir de base para uma certa aproximação com o cristianismo, entendido como prática. O estilo poético e aforismático do jesuíta Gracián, pouco afeito à moral institucionalizada e sim a uma experiência vital do cristianismo, repercutiu não apenas na estilística nietzschiana, mas sobretudo em seu pensamento, de maneira especial na ética do *amor fati*. Ambos, Gracián e Nietzsche, pertencem, pelo menos em teoria, à escola da força e da energia vital.

Nietzsche segue Gracián em sua excursão pelos antigos, os quais afirmam a vida a partir da simplicidade das experiências cotidianas, que consistem em opor-se à complexidade da razão que invade o cenário ocidental a partir de Sócrates, bem como a herança de seu esquema de pensamento sobre o cristianismo. Essa complexidade da razão e consequente expressão na moral cristã, vem a ser suavizada com a fundação da Companhia de Jesus na modernidade. A complexificação da moral cristã passa, a partir dos jesuítas, a sofrer um processo de refinamento e dissimulação da dureza da moral em flexibilidade e suavidade. O estilo jesuítico supera o barroco, apontando para uma forma de encarar o cristianismo, de maneira particular, a partir da experiência de vida, como um instante pleno que se afirma. No entanto, mesmo que com o jesuitismo se inaugure um afrouxamento do arco, não quer dizer que, com isso, os jesuítas deixem de ser porta-vozes da moral. Nietzsche reconhece, nesse aspecto, a astúcia jesuítica: a de apresentar o senhorio da moral de maneira sutil, sob a capa do devotamento ao serviço ligeiro e pronto às demandas da missão, pelas distintas partes do mundo. Mesmo que a meta dos jesuítas se distancie do foco de Nietzsche, destes o filósofo alemão toma a disposição psicológica e o refinamento criativo devotado à ação, o que, em última análise, conduz à afirmação da vida.

O cristianismo, tal como concebido pelo seu fundador, não foi estabelecido para ensinar uma doutrina e, sim, para viver. E viver não significa encarar a vida como um peso a ser tomado com resignação, mas acolhido com jubilosa afirmação. A vida, neste sentido, é acolhida no seu todo, e acolher a vida como um todo é acolher o nada. Ou seja, o todo da vida acolhida é um instante que, embora de plenitude, não passa de um instante. Portanto, o esforço é fazer esse instante, embora passageiro, pleno, em que se usufrua ao máximo. Dessa vida que se acolhe como um todo, o que equivale a acolher o nada do qual resulta a vida acolhida em sua expressão máxima, é o que inspirou a ética nietzschiana do *amor fati*, a única possibilidade de superação da modernidade. Logo, mais que um inspirador de Nietzsche, Gracián pode ser classificado, em certa medida, como um precursor dele, seja em termos de estilística, como de proximidade com relação à reflexão vital, principalmente pelo instinto, do qual demanda a força. A força é o que faz da vida uma experiência que, a cada instante, se afirma em sua plenitude mediante o gesto do criar artístico.

A recepção de Boscovich na obra de Nietzsche representa um passo de clareza científica sobre a reflexão filosófica sensorial. O próprio filósofo percebeu essa necessidade pela unilateralidade de sua formação. Para tanto, os conhecimentos oriundos da ciência natural e da matemática foram cruciais neste processo.

Os átomos temporais de Boscovich, que em sua imediatidade e inércia, ao atuarem um sobre o outro, foram produzindo ação no intervalo entre tais pontos, portanto, à distância. E o conjunto de tais ações foi contribuindo para a constituição de corpos materiais na natureza. A essa mesma constituição simples dos átomos temporais Nietzsche aplicou a teoria dos pontos sensoriais. Assim, a manifestação pulsional da qual demanda o fenômeno da vida caracteriza-se como a simplicidade da atuação de um ponto sobre outro. Por essa simplicidade, Nietzsche inclusive desmascara as falácias da complexidade epistemológica que tem exercido sobre a compreensão do mundo da vida, a metafísica e a moral.

Os átomos temporais possuem uma estrutura marcadamente simples, contudo o que os faz sair dessa monotonia é a sua propensão para atuar sobre um outro ponto. Esse atuar tem como resultado a ação que é múltipla, pois se dá num intervalo entre os pontos que é o tempo. Esse movimento provocado pelo atuar de dois pontos no tempo é sempre distinto. Por essa razão, a ação nunca é uniforme, mas múltipla e diversa. Essa multiplicidade, mais uma vez, quebra o engessamento metafísico que tende a uniformizar o diverso. O que permanece são apenas os átomos temporais, no entanto a ação muda constantemente a cada momento que sucede. Aqui temos, pois, a base científica da doutrina do eterno retorno, que é retorno do mesmo que são aqueles átomos temporais que, em momentos sucessivos, demandam ações sempre novas e diversas.

Logo, a diversidade de ações demandadas pela aplicação de pares de átomos temporais sobre os pontos sensoriais implica desfazer preconceitos morais que tiveram a intenção de se inscrever como verdade. Nietzsche foi, via esta tradução de átomos temporais para pontos sensoriais, constituindo a base para as diversas polêmicas que compreendem a sua filosofia, esboçadas em *Sobre a verdade e a mentira no sentido extramoral*, as quais terão seu acabamento nos escritos que a ela sucedem.

Pelo nosso itinerário, pudemos ter uma ideia de que a recepção de Nietzsche, no Seminário Central Nossa Senhora da Conceição, contrariamente ao que se esperava, não foi de todo caricata e depreciativa. Talvez Nietzsche tenha sido mais utilizado como ferramenta para a crítica sobre aspectos da doutrina resultante que se respirava com as conclusões do Concílio Vaticano I. O pensamento de Nietzsche contribuiu para se repensar um modelo institucional que até então vigorou, principalmente no que diz respeito à dimensão da afirmação da infalibilidade papal. As provocações de Nietzsche com respeito à verdade, à cultura e ao cristianismo marcaram de maneira significativa o cotidiano acadêmico do Seminário Central não apenas pela bela maneira como Nietzsche se expressava no idioma alemão, mas também pelo conteúdo filosófico.

Tanto entre os autores que influenciaram a produção sobre Nietzsche quanto aos que o recepcionaram, seja em seus manuais de aula, seja em outros escritos, ditos e expressões, é sintomático o impacto da concepção de super-homem. Esta tem sido lida pelo viés da eugenia, o que se traduz como um tipo de pensamento associado ao nazismo. Por essa razão, foi tido como um pensamento preocupante, desconcertante, e, por isso, instigante. Apesar das críticas que se depreendem dos manuais de aula escritos no Seminário Central sobre o pensamento do filósofo, não se pode negar o aspecto do fascínio e da crítica, assim como o de uma nova era que o pensamento aponta, tal como o Pe. Müller se expressa em termos de um neocriticismo. É interessante que se vê, para além de uma crítica, em muitos aspectos deletéria, uma chamada de atenção para um futuro de mudanças, diante do qual não se pode acomodar. Esse fascínio é, também, sublinhado pelo Pe. Zahnen com respeito à essência das sentenças nietzschianas, principalmente pela sua beleza estilística e pelo entusiasmo que convoca à ação.

Os professores do Seminário Central compreenderam muito bem o quanto o pensamento de Nietzsche valoriza a marca das diferenças contra uma uniformidade estática e infrutífera. Por essa razão, perceberam que Nietzsche, além de apresentar uma crítica à vida comunitária e social, é contra a massificação que pode ser demandada por um determinado tipo de comunitarismo, a fim de que o super-homem, o espírito livre, munido da força, que é vontade de potência, pudesse emergir. No entanto, esse super-homem, como observou o Pe. Steffen, não é de todo ruim, pois por ele se é capaz de ultrapassar o estado de submissão e a renúncia à capacidade de agir como propulsores da decadência cultural.

Os aspectos de irregularidade que se depreendem tanto da natureza como da espiritualidade, contra a noção platônica de ordem, atestam a noção de instabilidade que inspirou o Pe. Augusto Brunner a buscar, na filosofia de Nietzsche, pistas para se pensar toda essa situação de mudanças, dúvidas e incertezas. Toda essa sorte de dúvidas e incertezas têm influenciado decisivamente a maneira de se encararem temas como a religião, a moral e a cultura. Neste sentido, o pensamento de Nietzsche cumpriu um papel importante.

Em suma, as incursões realizadas, por entre as diferentes referências de Nietzsche aos jesuítas, resultam em precioso material a inspirar uma compreensão mais ampla sobre os aspectos de controversas dos quais os jesuítas foram alvos. Para além de elogiar ou criticar, Nietzsche reconhece o peso e a influência dos jesuítas sobre a cultura, no sentido de terem impresso um *éthos* específico, inaugurando uma maneira original de se posicionarem diante de diferentes situações e desafios, a ponto de os tomar como ferramenta para se pensarem diferentes âmbitos da cultura, desde a arte, a ciência e a religião. Assim, ao analisar a recepção de Nietzsche em uma instituição liderada pelos jesuítas, foi possível comprovar o quanto a contrapartida jesuíta, em termos de utilização do filósofo alemão como ferramenta, pode ser uma maneira sutil de lidar com temas e autores controvertidos, como avatares de autossuperação.

REFERÊNCIAS

ANDRIOTTI, D. Solidão, Destino, Imanência. In: *O Seminário*, Porto Alegre, n. 4, 79-97, 146.

BOEIRA, N. *Nietzsche*. Rio de Janeiro: Jorge Zahar Editor, 2002 (Filosofia Passo-a-Passo).

BOHNEN, A.; ULLMANN, R. *A atividade dos jesuítas de São Leopoldo 1844-1989*. São Leopoldo: Editora Unisinos, 1989.

BOSCOVICH, Roger Joseph. *A theory of natural philosophy*. Chicago: Open Court Publishing Company, 1922.

BOUILLIER, Victor. Balthasar Gracián y Nietzsche. In: *Cuaderno Gris*, Cultura, 22-38.

BRANDES, Georg. *Nietzsche. Un ensayo sobre el radicalismo aristocrático*. José Liebermann (trad.). Madrid: Sexto Piso, 2008.

BRUNNER, A. *Os problemas básicos da filosofia*. São Paulo: Companhia Editora Nacional, 1946.

CATHREIN, V. *Philosophia moralis. In usum Scholarum*. São Leopoldo, 1907.

COPLESTON, F. *Nietzsche filósofo da cultura*. Eduardo Pinheiro (trad.). Porto: Livraria Tavares Martins, ^{3}1979.

CORMAN, Louis. *Nietzsche Psychologue des Profondeurs*. Paris: Presses Universitaires de France, 1982.

DOSTOIÉVSKI, Fiódor. *Recordações da casa dos mortos*. Rachel de Queiroz (trad.). Rio de Janeiro: Livraria José Olympio Editora, 1961.

FEILER, Adilson Felicio. Nietzsche e os jesuítas. In: BINGEMER, Maria Luchetti; NEUTZLING, Inácio; MAC DOWELL, João Augusto (org.), *A globalização e os jesuítas. Origens, história e impactos. Anais do Seminário Internacional "A Globalização e os Jesuítas"*. São Paulo: Edições Loyola, 2007, 61-75.

_____. A recepção de Nietzsche a partir do Index da Biblioteca do Seminário Central de São Leopoldo (RS). In: *Cadernos Nietzsche*. Guarulhos/Porto Seguro, v. 38, n. 3, 237-258, set./dez. 2017. Disponível em: <http://dx.doi.org/10.1590/2316-82422017v3803aff>. Acesso em: 15 out. 2022.

_____. Nietzsche e Gracián. In: Revista *Periagoge*, Revista de Filosofia da Universidade Católica de Brasília, v. 1, n. 1 (2018), 3-15. Disponível em: <https://portalrevistas.ucb.br/index.php/periagoge/article/view/8895>. Acesso em: 15 out. 2022.

_____. Nietzsche e Boscovich: das ações físicas aos preconceitos sensoriais. In: *Universitas Philosophica*, da Pontifícia Universidade Católica da Colômbia, 72, ano 36, 279-303, jan./jun. 2019. Disponível em: <https://revistas.javeriana.edu.co/index.php/vniphilosophica/article/view/21979>. Acesso em: 15 out. 2022.

FINK, Eugen. *La filosofía de Nietzsche*. Andrés Sánchez Pascual (trad.). Madrid: Alianza Editorial, 1980.

FRANCA, L. *Noções de história da filosofia*. Rio de Janeiro: Livraria Drumond, 1921.

_____. *A crise do mundo moderno*. Rio de Janeiro: Livraria José Olympio Editora, 1941.

GALDEANO, Carla. *Dois períodos de uma mesma história, num mesmo Espírito. Documentos*. São Paulo: Loyola, 2013.

GEMMEL, J. *Ethica Philosophica*. Valkenburg, 1931.

GOMES, J. C. L. Nietzsche, das forças cósmicas aos valores humanos, Recensão do livro homônimo de Scarlett Marton. In: *Síntese*, v. 19, n. 58 (1992), 413-415.

GORI, Pietro. *La visione dinamica del mondo. Nietzsche e la filosofia naturale di Boscovich*. Napoli: Edizioni La città del sole, 2007.

GRACIÁN, Balthasar. *El criticón*. Edición crítica y comentada por M. Romera-Navarro. London: Oxford University Press, 1938.

_____. *Oráculo manual e arte de prudência*. Rio de Janeiro: Ediouro, 2020.

GRANIER, Jean. *Le problème de la verité dans la philosophie de Nietzsche*. Paris: Éditions du Seuil, 1966.

HAAR, Michel. *Nietzsche et la Metaphisique*. Paris: Galimard, 1993.

HALÉVY, D. *Nietzsche*. Paris: Éditions Bernard Grasset, 1944.

_____. *Nietzsche. Uma biografia*. Roberto Contes de Lacerda e Waltensir Dutra (trad.). Rio de Janeiro: Editora Campus, 1989.

HENKE, Gieter. *Gott und Grammatik. Nietzsche Kritik der Religion*. Weinsberg: Neske, 1981.

JANZ, Curt Paul. *Friedrich Nietzsche. Uma biografia*. Petrópolis: Vozes, 2015, v. I e II.

JUNIOR, Oswaldo Giacoia. *Labirintos da alma. Nietzsche e a autossupressão da moral*. São Paulo: Editora da UNICAMP, 1997.

KOSSOVITCH, Leon. *Signos e poderes em Nietzsche*. São Paulo: Ática, 1979 (Ensaios 60).

LACOUTURE, Jean. *Os jesuítas. 1. Os Conquistadores*. Ana Maria Capovilla (trad.). Porto Alegre: L&PM Editores, 1994.

LAUTER, Wolfgang Müller. *A doutrina da vontade de poder em Nietzsche*. Oswaldo Giacoia (trad.). São Paulo: Annablume editora, 1997.

LEITE, L. O. *Jesuítas no sul do Brasil*. São Leopoldo: Editora Unisinos, 2005.

LOYOLA, Inácio de. *Exercícios Espirituais*. João Augusto Mac Dowell (trad.). São Paulo: Loyola, 1985.

_____. *Constituições da Companhia de Jesus e normas complementares*. João Augusto Mac Dowell (trad.). São Paulo: Loyola, 2004.

LOPES, Rogério Antonio. *Elementos da retórica na obra de Nietzsche*. Dissertação de Mestrado, UFMG, Belo Horizonte, 1999.

MACHADO, R. *Zaratustra. Tragédia nietzschiana*. Rio de Janeiro: Jorge Zahar Editor, ²1999.

MARTON, S. *Nietzsche. Das forças cósmicas aos valores humanos*. São Paulo: Brasiliense, 1990.

_____. *Nietzsche. A transvaloração dos valores*. São Paulo: Moderna [1 ed. 1993].

_____. Nietzsche e a celebração da vida. In: *Cadernos Nietzsche*, São Paulo, n. 2 (1997), 7-15.

_____. *A irrecusável busca de sentido*. Ijuí: Editora UNIJUÍ, 2004.

MOREL, Georges. *Nietzsche III. Création et metamorphoses*. Paris: Aubier-Montaigne, 1971.

MÜLLER, L. *História da filosofia*. São Leopoldo, 1934 (Manual de Aula).

NIETZSCHE, F. W. *Sämtliche Werke. Kritische Studienausgabe*. Herausgegeben von Giorgio Colli und Mazzino Montinari. Verlag de Gruyter: Berlin, 1999, 15 Bd.

_____. *Sämtliche Briefe. Kritische Gesamtausgabe Briefwechsel KGB*. Herausgegeben von Georgio Colli und Mazzino Montinari. Walter de Gruyter: Berlin, 1986, 8 Bd.

NIETZSCHE, F. W. *Also sprach Zarathustra*. Leipzig: C. G. Naumann, 1899.

_____. *Assim falava Zaratustra*. Mário da Silva (trad.). Rio de Janeiro: Civilização Brasileira, ¹¹2000.

_____. *Além do bem e do mal. Prelúdio a uma filosofia do futuro*. Paulo César de Souza (trad.). São Paulo: Companhia das Letras, 2000.

_____. *Humano, demasiado humano. Um livro para espíritos livres*. Paulo César de Souza (trad.). São Paulo: Companhia das Letras, 2002.

_____. *A gaia ciência*. Paulo César de Souza (trad.). São Paulo: Companhia das Letras, 2001.

_____. *O caso Wagner. Um problema para músicos. Nietzsche contra Wagner. Dossiê de um psicólogo*. Paulo César de Souza (trad.). São Paulo: Companhia das Letras, 2002.

_____. *O nascimento da tragédia ou helenismo e pessimismo*. J. Guinsburg (trad.). São Paulo: Companhia das Letras, 2001.

_____. *Genealogia da moral. Uma polêmica*. Paulo César de Souza (trad.). São Paulo: Companhia das Letras, 2001.

_____. *El anticristo*. Andrés Sánchez Pascual (trad.). Madrid: Alianza Editorial, 1986.

_____. *Fragmentos finais*. Flávio R. Kothe (trad.). São Paulo: UnB, 2002.

_____. *Textos escolhidos*. Rubens Rodrigues Torres Filho (trad.). São Paulo: Abril Cultural, ²1978 (Os Pensadores).

RAVIER, André. *Inácio de Loyola funda a Companhia de Jesus*. São Paulo: Loyola, 1982.

ROSS, Werner. *Friedrich Nietzsche. El áquila angustiada. Una biografía*. Barcelona: Paidós, 1994.

SALGADO, P. *O homem integral*. Rio de Janeiro: Livraria Clássica Brasileira, 1957.

STEFFEN, H. A. *Kierkegaard e a religião*. Porto Alegre: Estudos, 1958.

SUFFRIN, P. H. *O "Zaratustra" de Nietzsche*. Lucy Magalhães (trad.). Rio de Janeiro: Editora Jorge Zahar, 1991.

THILL, A. O desaparecimento da cultura ocidental segundo Oswaldo Spengler. In: *Formação. Revista Brasileira de Educação*, Rio de Janeiro, n. 150 (1951), 4-15.

_____. O cristão no fim dos tempos modernos. Um novo humanismo? In: *Formação. Revista Brasileira de Educação*, Rio de Janeiro, n. 179, 29-38, jun. 1953.

THOMAS, Joseph. *O segredo dos jesuítas. Os Exercícios Espirituais*. Mauricio Ruffier (trad.). São Paulo: Loyola, 1990 (Col. Experiência Inaciana).

Tones, Matthew; Mandalios, John. Nietzsche's Actuality. Boscovich and the Extremities of Becoming. In: *Journal of Nietzsche Studies*, v. 46, n. 3 (2015), The Pennsylvania State University.

Trevisan, A. A propósito da dor. In: *O seminário*, Porto Alegre, n. 4 (1946).

Valadier, Paul. *Nietzsche l'intempestif*. Paris: Beauchesne Éditeur, 2.

Vicente, Montserrat Cost. *Amelot De la Houssaie, tradutor de Gracián*. Barcelona: Universitat Pompeu Fabra, 1995.

Vilela, O. *A pessoa humana no mistério do mundo*. Petrópolis: Vozes, 1968.

Whitlock, Greg. Roger J. Boscovich and Friedrich Nietzsche. A re-examination. In: *Nietzsche, Epistemology, and philosophy of Science. Nietzsche and the Sciences II*, v. 204 (1999), 187-201 (Série Boston).

ÍNDICE REMISSIVO

ação, 27, 30, 31, 33-35, 38, 43, 44, 52, 53, 57, 60, 61, 63, 65, 67, 70, 72, 77-80, 99, 100, 103-106, 108
afirmação, 31, 33, 34, 39, 47, 87, 90, 105, 107
amor fati, 32, 59, 62, 63, 104, 105
Aristóteles, 89
arte, 14, 24-26, 29, 34, 36, 47, 51, 55, 56, 103, 109
Aufklärung, 17-20

Boscovich, Roger Joseph, 15, 16, 24, 26, 27, 63, 65-75, 79, 81, 106
Brandes, Georg, 42, 43
Brasil, 13, 21, 27, 43, 81, 83, 85, 90

Catolicismo, 19, 91
Chardin, Teilhard de, 100, 101
ciência(s), 26, 49, 65-67, 69, 74, 76, 80, 81, 86, 87, 106, 109
civilização, 35, 94
Companhia de Jesus, 34, 35, 38, 40, 44, 53, 55, 56, 59, 84
Comte, Augusto, 84
consciência, 14, 42, 51, 77, 93
Constituições, 29, 35, 37
Cristianismo, 16, 18, 20, 23, 41, 43, 47, 48, 54, 55, 59, 61, 62, 83, 86-89, 91, 92, 95-98, 101, 104, 105, 107
crítica(s), 11, 13, 15, 16, 18, 20, 23, 24, 27, 29, 41, 42, 47, 77, 86-89, 91, 92, 94-97, 101, 107, 108

cultura, 13, 14, 17, 23, 24, 30-34, 38, 40, 42, 43, 54, 83, 93-97, 104, 107-109

Darwin, Charles, 69, 94, 100
Democracia, 17-20
Descartes, René, 84
Deus, 20, 29, 33-35, 37, 41, 43, 50, 56, 87, 90, 95, 99, 101

espírito, 14, 15, 17-19, 24, 33, 39, 40, 42, 60, 91, 97, 108
estética, 24, 97, 103
eterno retorno, 32, 58, 74-76, 106
éthos, 25, 38, 42, 59, 103, 109
ética(s), 62, 66, 68, 69, 72, 97, 100, 104, 105
existência, 13, 24, 29, 30, 34, 37, 39, 46, 92, 101

física, 27, 65, 67, 69, 77, 80, 81
força(s), 14, 18-20, 30, 31, 33, 37, 39, 43, 55, 61, 65, 69-80, 89, 90, 93, 104, 105, 108

genealogia, 11, 32, 86
Gracián, Balthasar, 15, 24, 26, 44-54, 56-63, 104, 105

Hegel, Georg Wilhelm Friedrich, 56, 99
Heráclito, 71
história, 13, 16, 21, 29, 33, 41, 49, 94, 95

Igreja, 14, 29, 30, 35, 39-42, 44, 51, 53-55, 83, 84, 100
instinto(s), 31, 60, 61, 73, 79, 105

jesuíta(s), 13-19, 21, 23-27, 29-31, 33-48, 50, 51, 53-59, 62, 63, 65, 67, 68, 72, 74, 81, 86, 88, 91, 93, 99-101, 103-105, 108, 109
Jesus Cristo, 35, 36, 42, 61, 62, 104

Kant, Immanuel, 17, 19, 56, 84, 96
Kierkegaard, Søren, 91, 92

Leibniz, Gottfried Wilhelm, 67, 70, 71
Leopoldo, São (local), 21, 27, 83, 90, 95
Loyola, Inácio de, 34-37, 43, 54-56, 59
Lutero, Martinho, 38, 40, 41

metafísica, 14, 16, 23, 33, 43, 72, 75, 106
modernidade, 13, 15, 18, 20, 30, 33, 36, 38, 46, 54, 105
mônada(s), 69, 70
moral, 23-25, 27, 30, 31, 33, 34, 38-43, 46-48, 50-54, 56, 57, 61, 63, 65, 72, 77, 80, 81, 83, 84, 87, 88, 95-98, 104-106, 108

movimento(s), 18, 26, 30, 31, 37, 41, 42, 50, 51, 57, 58, 67, 71-73, 76-81, 86, 87, 89, 95, 98, 106
mundo, 25, 26, 32, 33, 39, 42, 45, 49-51, 57, 59, 61, 67, 70, 71, 73-75, 77, 78, 95, 100, 105, 106
música, 31, 32, 40, 46, 94

natureza, 14, 60, 65, 71-73, 75, 76, 78, 81, 90, 93, 94, 106, 108
Newton, Isaac, 67, 71
Nietzsche, Friedrich Wilhelm, 13-21, 23-27, 29-36, 38-53, 56-61, 63, 65-77, 79-81, 83-101, 103-109
niilismo, 23, 24, 32, 42

Pascal, Blaise, 16, 17, 61, 84
pensamento, 13, 16, 20, 23, 24, 30, 33, 45, 46, 50, 52, 53, 66-69, 71, 72, 83, 85, 88-91, 93-101, 104, 107, 108
perspectiva(s), 26, 30, 33, 39, 62, 63, 73, 74, 76-78, 80
Platão, 17, 18, 89
poder, 14, 15, 41, 60, 93, 98
polêmica(s), 68, 69, 107
Protestante, 38, 40, 54

recepção, 13, 16, 21, 27, 73, 83-86, 89, 90, 98, 100, 106, 107, 109
religião, 31, 56, 91, 97, 108, 109
Rousseau, Jean-Jacques, 56

Schopenhauer, Arthur, 15, 16, 32, 46, 50, 51, 56, 63, 84, 93, 96
seminário, 21, 27, 29, 83-86, 88-92, 95, 101, 107, 108
sentido(s), 13, 15-18, 24, 27, 31-36, 39, 40, 49, 58, 60, 62, 66, 67, 69, 72, 73, 79, 80, 96, 98, 100, 104, 105, 107-109
super-homem, 95, 98

terra(s), 16, 18, 31, 33, 43, 73, 75, 79, 84, 87, 100
transvaloração, 23, 68

Vaticano I, 87, 94, 96, 107
Vaticano II, 83, 87, 92, 100, 101
vida, 14, 15, 17, 23, 25, 26, 31, 32, 34-39, 42, 44, 45, 47, 48, 55, 56, 58-63, 67, 68, 77, 89, 90, 92, 93, 99-101, 103-106, 108
vontade de potência, 33, 39, 98, 108

Zaratustra, 50, 51, 57, 58, 85, 86, 90, 93

Edições Loyola

editoração impressão acabamento

Rua 1822 n° 341 – Ipiranga
04216-000 São Paulo, SP
T 55 11 3385 8500/8501, 2063 4275
www.loyola.com.br

Clarice Lispector

SENTIR UM PENSAMENTO

FRASES E REFLEXÕES PARA AS 52 SEMANAS DO ANO

ROCCO

Copyright © 2019 *by* Paulo Gurgel Valente

Organização: Bruna Ramos da Fonte

Concepção e edição: Ana Lima

Ilustração: Mariana Valente

Direitos desta edição reservados à
EDITORA ROCCO LTDA.
Rua Evaristo da Veiga, 65 – 11º andar
Passeio Corporate – Torre 1
20031-040 - Rio de Janeiro – RJ
Tel.: (21) 3525-2000 – Fax: (21) 3525-2001
rocco@rocco.com.br
www.rocco.com.br

Printed in Brazil / Impresso no Brasil

Preparação de originais: Pedro Karp Vasquez

CIP-BRASIL. CATALOGAÇÃO NA PUBLICAÇÃO
SINDICATO NACIONAL DOS EDITORES DE LIVROS, RJ

L753s

    Lispector, Clarice, 1920-1977
    Sentir um pensamento : frases e reflexões para as 52 semanas do ano / Clarice Lispector ; organização Bruna Ramos da Fonte ; ilustração Mariana Valente ; concepção e edição Ana Lima. - 1. ed. - Rio de Janeiro : Rocco, 2023.
    il.

    ISBN 978-65-5532-380-1
    ISBN 978-65-5595-222-3 (recurso eletrônico)

    1. Literatura brasileira. 2. Lispector, Clarice, 1920-1977 - Citações. 3. Lispector, Clarice, 1920-1977 - Crítica e interpretação. I. Fonte, Bruna Ramos da. II. Valente, Mariana. III. Lima, Ana. IV. Título.

23-85617
CDD: 869.09
CDU: 821.134.3(81).09

Meri Gleice Rodrigues de Souza - Bibliotecária - CRB-7/6439

O texto deste livro obedece às normas do Acordo Ortográfico da Língua Portuguesa.

Impressão e Acabamento: GEOGRÁFICA EDITORA LTDA.

Após a publicação do seu primeiro livro, *Perto do coração selvagem*, em 1943, Clarice Lispector (1920-1977) vem se transformando em um fenômeno literário de dimensão internacional, sendo hoje a autora de língua portuguesa mais traduzida da história, com obras vertidas para praticamente todos os idiomas mais falados.

Sua produção vasta e multifacetada inclui romances, novelas, contos, crônicas e livros destinados ao público infantil, e, além da qualidade literária, sempre suscitou admiração por seu sentido filosófico e existencial. Isso porque existe uma Clarice profunda que, sem buscar doutrinar ou convencer ninguém, conquistou leitores e não leitores com frases pinçadas de sua obra. O que os leitores de Clarice irão encontrar neste *Sentir um pensamento* são 52 frases com as obras de origem indicadas, que sintetizam o pensamento da autora e espelham sua personalidade.

Ao refletir durante um ano inteiro em companhia de Clarice Lispector, o leitor não aprenderá apenas a conhecê-la melhor, mas irá sobretudo efetuar um regenerador mergulho em si mesmo vislumbrando seu coração selvagem.

"É preciso não ter medo de criar."

Clarice Lispector
Perto do coração selvagem

O impulso primitivo da criação está dentro de nós. Para que possamos voltar a criar livremente – como as crianças que fomos um dia –, é preciso aprender a lidar com o medo do julgamento e da rejeição. Aprender a acolher e a amar as singularidades da nossa alma e da nossa história, transformando o medo em inspiração.

Quais medos estão impedindo você de criar?

"Há impossibilidade de ser além do que se é – no entanto eu me ultrapasso mesmo sem o delírio, sou mais do que eu quase normalmente."

Clarice Lispector
Perto do coração selvagem

Mesmo quem escolhe andar de mãos dadas consigo próprio na constante jornada do autoconhecimento não conhecerá todas as nuances do seu comportamento e dos seus sentimentos. Entender que abrigamos inúmeras versões de nós mesmos dentro de um mesmo corpo talvez seja o maior de todos os desafios, mas também a maior recompensa por sermos humanos.

Quando foi a última vez em que você se surpreendeu (de forma positiva ou negativa) com uma ação ou reação sua que até então era desconhecida?

"Enquanto eu tiver perguntas e não houver resposta continuarei a escrever."

Clarice Lispector
A hora da estrela

Quando desaceleramos os nossos pensamentos e nos permitimos escrever sobre as perguntas e inquietações que temos, nos damos a chance de organizar ideias e pontos de vista, elaborando e ressignificando acontecimentos por intermédio da expressão de sentimentos e pensamentos mais profundos. E é a partir dessas reflexões que promovemos as transformações mais significativas.

Para qual pergunta você tem buscado uma resposta?

"Mas nunca morrer antes de realmente morrer: pois era tão bom prolongar aquela promessa."

Clarice Lispector
Uma aprendizagem ou
O livro dos prazeres

Apesar das dificuldades, vivemos em um mundo que, constantemente, nos convida ao encantamento e à surpresa. Seja na perfeição que mora em cada detalhe da natureza, seja na beleza que permeia as criações que a mente humana é capaz de conceber, basta um olhar atento para enxergar a quantidade de milagres que nos cercam.

Você já passou por algum momento em que sentiu como se não houvesse vida dentro de você?

"Seus olhos tinham a expressão que os olhos têm quando a boca está amordaçada."

Clarice Lispector
A maçã no escuro

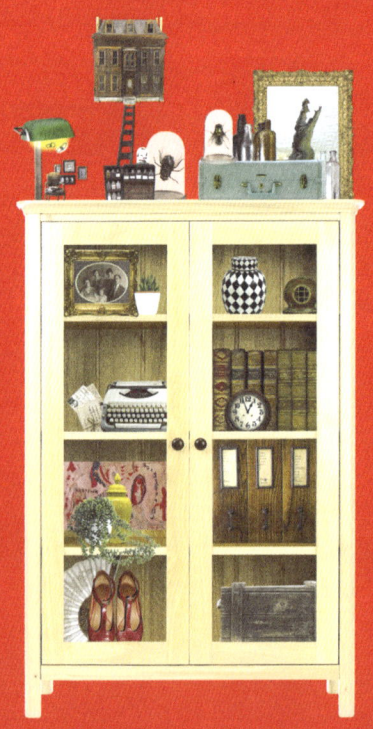

Um dos temas mais constantes nas artes, os mistérios e segredos que moram nos olhos e nos olhares de alguém já inspiraram filmes, poesias, músicas e quadros. No negativo colorido da íris, a nossa história se manifesta na expressão de um olhar, no qual cabem muito mais sentimentos e nuances do que simples palavras seriam capazes de expressar.

Olhe-se no espelho: o que dizem os seus olhos?

"Eu te invento, realidade."

Clarice Lispector
Água viva

Quando uma pessoa ousa desafiar os próprios limites – ou as limitações impostas pelo tempo, pela cultura ou pela sociedade –, ela também está inventando uma nova realidade para si mesma e, naturalmente, abrindo caminhos e pavimentando estradas para outras pessoas e grupos, fazendo da experiência individual uma possibilidade de transformação coletiva.

Qual é a realidade que você está inventando para sua vida hoje? Como ela é?

"Meditar não precisa de ter resultados: a meditação pode ter como fim apenas ela mesma. Eu medito sem palavras e sobre o nada."

Clarice Lispector
A hora da estrela

A meditação é o ato de estar presente aqui e agora. Meditar é desenvolver a habilidade de trazer corpo, alma e pensamento para o instante presente, vivenciando tudo o que ele pode nos oferecer quando nos permitimos vivê-lo plenamente. É preciso aprender a silenciar os nossos pensamentos, e simplesmente vivenciar tudo aquilo que nossos sentidos são capazes de captar quando a mente não está no comando.

Você tem conseguido espaço para se conectar com a sua essência ultimamente?

"É preciso ser maior que a culpa."

Clarice Lispector
A paixão segundo G.H.

Como seres sociais que somos, temos uma tendência natural a seguir os comportamentos e crenças da nossa comunidade. A noção de culpa nos é incutida logo nos primeiros anos de vida, e varia de acordo com a realidade cultural, social e filosófica à qual pertencemos. Frequentemente associada ao medo da rejeição, a culpa limita nossos passos e nos faz menores do que poderíamos ser. Quando nos damos conta de que nossos vínculos com o outro deveriam ser construídos a partir do respeito à individualidade e à diferença, passamos a nos sentir cada vez mais livres para agir de acordo com nossas próprias crenças.

Quais são as culpas que hoje fazem você menor do que poderia ser?

"Há horas em que não se quer ter sentimentos."

Clarice Lispector
Laços de família

Existem situações nas quais experimentamos sentimentos tão densos e carregados de sofrimento que nos sentimos incapazes de lidar com tamanha dor. Dilacerados pelo trauma, muitos escolhem abdicar dos seus vínculos com aqueles que amam como uma forma de proteger-se dos sofrimentos que as possíveis perdas ou decepções podem causar.

Qual foi o sentimento mais recente que você experienciou e por quê?

"É exatamente de minha natureza nunca me sentir ridícula, eu me aventuro sempre, entro em todos os palcos."

Clarice Lispector
Perto do coração selvagem

Por medo diante dos olhos daqueles que nos são caros, reprimimos talentos e traços fundamentais da nossa personalidade. E é assim que, pouco a pouco, desistimos dos nossos sonhos: deixamos de dançar, de tocar um instrumento, de pintar um quadro ou de praticar um esporte simplesmente por acharmos que não seremos suficientemente bons.

O medo de julgamentos já fez você abandonar algo que amava?

"Quando eu digo te amo, estou me amando em você."

Clarice Lispector
Um sopro de vida

O amor é um caminho para o autoconhecimento. O amor que sentimos por alguém tem muito mais a nos ensinar sobre nós mesmos do que sobre o outro. A partir do momento em que aceitamos e acolhemos as nossas próprias dificuldades e limitações, estamos prontos para aceitar e acolher também as dificuldades e limitações do outro.

Você tem sido tolerante com suas próprias imperfeições?

"Sentiu aquela solidão inesperada. A solidão de uma pessoa que em vez de ser criada cria."

Clarice Lispector
A maçã no escuro

Assim como todas as pessoas que cuidam têm o direito e a necessidade de serem cuidadas também, para ser o porto seguro de alguém é preciso buscar o seu próprio porto seguro. Somente com o corpo e a alma descansados temos condições de oferecer o nosso melhor para aqueles que hoje precisam da nossa presença – independentemente do papel que estejamos desempenhando.

Onde está o seu porto seguro hoje?

"Simbolicamente morro várias vezes só para experimentar a ressurreição."

Clarice Lispector
A hora da estrela

Quando percebemos que podemos morrer e renascer quantas vezes for necessário ao longo da vida, a forma como lidamos com os finais que fazem parte da nossa história se transforma. Independentemente do que nos aconteça, sempre haverá uma maneira de começar de novo.

Quantas vezes você renasceu ao longo dos últimos anos?

"Somos aquilo que tem de acontecer."

Clarice Lispector
Felicidade clandestina

Todos somos resultado de histórias anteriores a nós. Nenhuma história começa exclusivamente com o nascimento de alguém: somos consequência de acontecimentos ou escolhas sobre as quais não tivemos nenhum controle ou participação. Sendo assim, enquanto não conseguirmos honrar e acolher o nosso passado com gratidão, ele seguirá influenciando e se manifestando no presente, impedindo que novas histórias sejam escritas.

Você se sente preso(a) a questões de um passado anterior a você?
De que maneira elas se manifestam?

"Faço poesia não porque seja poeta mas para exercitar minha alma."

Clarice Lispector

Uma aprendizagem ou
O livro dos prazeres

Muito mais do que a capacidade de traduzir sentimentos em versos, a poesia é uma forma de enxergar a vida, um caminho em busca da beleza que reside em tudo aquilo que nos cerca. Quando nos permitimos sentir e viver plenamente as emoções que a natureza, as artes e as pessoas despertam em nós, já estamos vivendo de maneira poética sem que, para isso, seja necessário escrever uma linha sequer.

De que forma a poesia tem se manifestado na sua vida?

"Quando acaricio a cabeça de meu cão – sei que ele não exige que eu faça sentido ou me explique."

Clarice Lispector
A hora da estrela

Existem momentos da vida em que o outro não precisa de conselhos, repreendas ou respostas, e sim do reconfortante acolhimento que mora na escuta, no silêncio e na compreensão isenta de julgamentos. Falar é simples, mas aprender a escutar é um dos maiores desafios da convivência humana, capaz de determinar o sucesso ou o fracasso das nossas relações.

Para ser escutado, é preciso escutar: você tem escutado as pessoas com quem convive?

"Pouco afeita a uma luta mais selvagem pela vida, a galinha tinha que decidir por si mesma os caminhos a tomar, sem nenhum auxílio de sua raça."

Clarice Lispector
Laços de família

Romper padrões é lançar-se em uma jornada desconhecida e solitária. É por essa razão que frequentemente optamos pela repetição dos padrões vigentes, mesmo quando temos consciência de que eles não nos levarão aonde gostaríamos de chegar. Ao permanecermos em terrenos óbvios e desbravados, escolhemos a segurança e o conforto de um mapa que já foi desenhado.

Você tem medo de percorrer caminhos desconhecidos?

"Eu te amo como se sempre estivesse te dizendo adeus."

Clarice Lispector
Um sopro de vida

Aceitar que a finitude faz parte do ritmo natural que rege a dança da vida é aceitar também que nem mesmo o maior de todos os amores pode ser um passaporte para a eternidade. Aprender a lidar com o amor como um acontecimento que guarda em si os próprios mistérios é aceitar que o sentimento pode permanecer presente mesmo quando relações terminam ou se transformam, ou quando a morte tira alguém do nosso convívio bruscamente.

Para você, o amor é um sentimento que desperta alegrias ou angústias?

"Todas as pessoas são anônimas. Porque ninguém é o outro e o outro não conhecia o outro."

Clarice Lispector
Onde estivestes de noite

Como seres mutantes em constante processo de crescimento e transformação, ao longo da vida entramos em contato com diversas versões de nós mesmos e do outro, que emergem de acordo com as vivências, os contextos e os acontecimentos aos quais somos submetidos, e que são capazes de moldar novos comportamentos e pensamentos. Ainda que desenvolvamos um elevado grau de empatia e compreensão, jamais conseguiremos determinar com exatidão o que se passa dentro de cada um. Essa certeza do desconhecido não deveria ser vista como uma barreira, mas, sim, como um instigante convite para um mergulho no oceano que temos dentro de nós.

Como você lida com o desconhecido que habita dentro de si?

"Como escritor espalho sementes."

Clarice Lispector
Um sopro de vida

Seja por meio de ideias, da troca de experiências ou dos valores éticos que conduzem as nossas decisões profissionais ou pessoais, influenciamos outras pessoas o tempo inteiro. Cada um à sua maneira espalha sementes por onde passa. Quando nos damos conta disso e percebemos o tamanho do impacto que provocamos sobre aqueles que nos cercam – e consequentemente sobre a nossa comunidade –, torna-se necessário assumir um compromisso com a responsabilidade que esse papel exige.

Quais são as suas sementes?

"Ando meio bonita, sem o menor pudor: vem do bem-estar."

Clarice Lispector
Todas as crônicas

Não existe cosmético ou cirurgia capaz de trazer brilho para o olhar de quem não se sente confortável dentro da própria pele, nem de trazer a leveza de um sorriso que ilumina a expressão de alguém que aprendeu a se amar – a beleza é um estado de espírito. Quando trabalhamos nossa autoestima, e consequentemente compreendemos o que é a autoaceitação, o autoamor e o autocuidado, o bem-estar que emerge do nosso interior imediatamente ilumina a pele, o sorriso e o olhar.

Qual é o papel que os padrões de beleza exercem na sua vida?

"Não acredito em nada. Ao mesmo tempo acredito em tudo."

Clarice Lispector
Outros escritos

Aceitar o fato de que o nosso conjunto de crenças não é o único caminho possível para explicar a realidade é uma peça-chave no combate à intolerância tão presente na nossa sociedade. Acreditar em tudo sem acreditar em nada é entender que a verdade é mutável e se transforma de tempos em tempos. Desenvolver a nossa habilidade de colocar em xeque mesmo as nossas certezas mais arraigadas é a atitude de quem sabe que as grandes verdades de ontem são as grandes mentiras de hoje. Quando o julgamento sai de cena, portas e janelas se abrem para a sabedoria.

Você se sente capaz de questionar suas próprias verdades?

"A vida humana é mais complexa: resume-se na busca do prazer, no seu temor, e sobretudo na insatisfação dos intervalos."

Clarice Lispector
Perto do coração selvagem

Viver é estar em eterno conflito. Conscientes de que dia e noite não podem coexistir, escolher um é abdicar automaticamente do outro – ainda que temporariamente. Essa consciência nos desafia a impedir que o fantasma da insatisfação ocupe os intervalos entre as nossas realizações e frustrações. É preciso amar os encontros e as surpresas que fazem parte da jornada para que, ainda que o prazer não se manifeste na linha de chegada, tê-lo vivenciado ao longo do percurso transforme a nossa percepção sobre os resultados que alcançamos.

Como você lida com as dúvidas e insatisfações que aparecem no seu caminho?

"Como todas as pessoas, somos deuses em potencial."

Clarice Lispector
Uma aprendizagem ou
O livro dos prazeres

A potência da criação está dentro de nós. Quando encontramos um caminho para reacender essa chama, nos reconectamos com o nosso aspecto divino, no qual a própria natureza encontra espaço para manifestar a sua grandiosidade em cada um de nós.

Você está em comunhão com as forças da natureza?

"Para encontrar esse refúgio, teria que ser ele mesmo: aquele ele mesmo que nada tem a ver com ninguém."

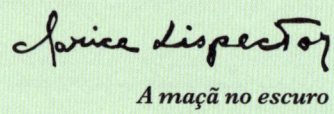

Clarice Lispector
A maçã no escuro

Quando abandonamos nossas tentativas de reproduzir ideias e comportamentos coletivos, nos damos a chance de conhecer a nossa versão mais pura e genuína, aquela que ninguém mais pode viver por nós. É nesse momento que as histórias mais extraordinárias começam a ser escritas.

Você sente que está sendo você mesmo(a)?

"Amizade é matéria de salvação."

Clarice Lispector
A legião estrangeira

Diferentemente da família, amizades são escolhidas e podem representar uma forma pura de amor. Há séculos Aristóteles buscou a solução para essa questão dividindo os amigos em três categorias: utilidade, prazer e caráter. Para o filósofo, todos os tipos de amizade seriam benéficos e necessários, desde que os dois lados estivessem cientes dos valores e limites de cada um deles.

Como você define as amizades que tem hoje?

"Correr o sagrado risco do acaso."

Clarice Lispector
A paixão segundo G.H.

O tempo inteiro nós estamos sujeitos aos imprevistos do caminho e nunca sabemos quando grandes surpresas podem nos encontrar. Quantas histórias de amor começaram com um voo cancelado? Quantas amizades improváveis aconteceram com um acidente de percurso? Quantos negócios de sucesso nasceram após uma demissão injusta? Ao aceitarmos a presença do imprevisível como o acontecimento extraordinário que é, abrimos espaço para que o acaso possa agir.

Você se lembra de ter vivido algum encontro importante inteiramente provocado pelo acaso?

"O ritmo das plantas é vagaroso: é com paciência e amor que elas crescem."

Clarice Lispector
Todas as crônicas

É humanamente impossível acompanhar a velocidade do mundo conectado no qual vivemos, mas insistimos em tentar acompanhar o ritmo acelerado ditado pela tecnologia. Cada vez mais imediatistas, buscamos resultados com urgência e nos tornamos intolerantes às etapas do processo. Frequentemente, agimos como se paciência e cuidado fossem itens obsoletos. Permita-se desacelerar por alguns instantes e observar as lições atemporais que a natureza generosamente tem a ensinar: assim como as árvores, nós mesmos só iremos frutificar quando estivermos dispostos a viver as etapas do processo que separa a semente do fruto.

Você tem paciência para lidar amorosamente com todas as etapas do processo?

"Como não viver a própria vida inteira mesmo que se morresse a qualquer instante?"

Clarice Lispector
A cidade sitiada

Muitos vivem assombrados pela imprevisibilidade do fim e lidam com o medo negando essa realidade natural. Quando adotamos a balança da finitude, apuramos a nossa capacidade de conferir o devido peso às escolhas que fazemos. Com isso, muitos planos e sonhos adiados se tornam urgentes, ao passo que muitas prioridades perdem automaticamente a importância que pareciam ter.

Se a morte chegasse neste exato momento, você estaria satisfeito(a) com a vida que construiu até o dia de hoje?

"Você de repente não estranha de ser você?"

Clarice Lispector
Um sopro de vida

Não é sempre que nos identificamos com a imagem que enxergamos no espelho. Se o humor e a autoestima influenciam a forma como nos enxergamos – fazendo com que nos sintamos mais ou menos confortáveis de ser quem somos –, também são muitos os acontecimentos da vida que podem influenciar a visão que temos sobre nós mesmos. Cuidar da nossa saúde física e mental é o melhor caminho para lidarmos com as transformações naturais do próprio processo de envelhecimento e, principalmente, com os impactos psicológicos que elas exercem sobre nós.

Você está conseguindo manter uma rotina de cuidados com a sua saúde física e mental?

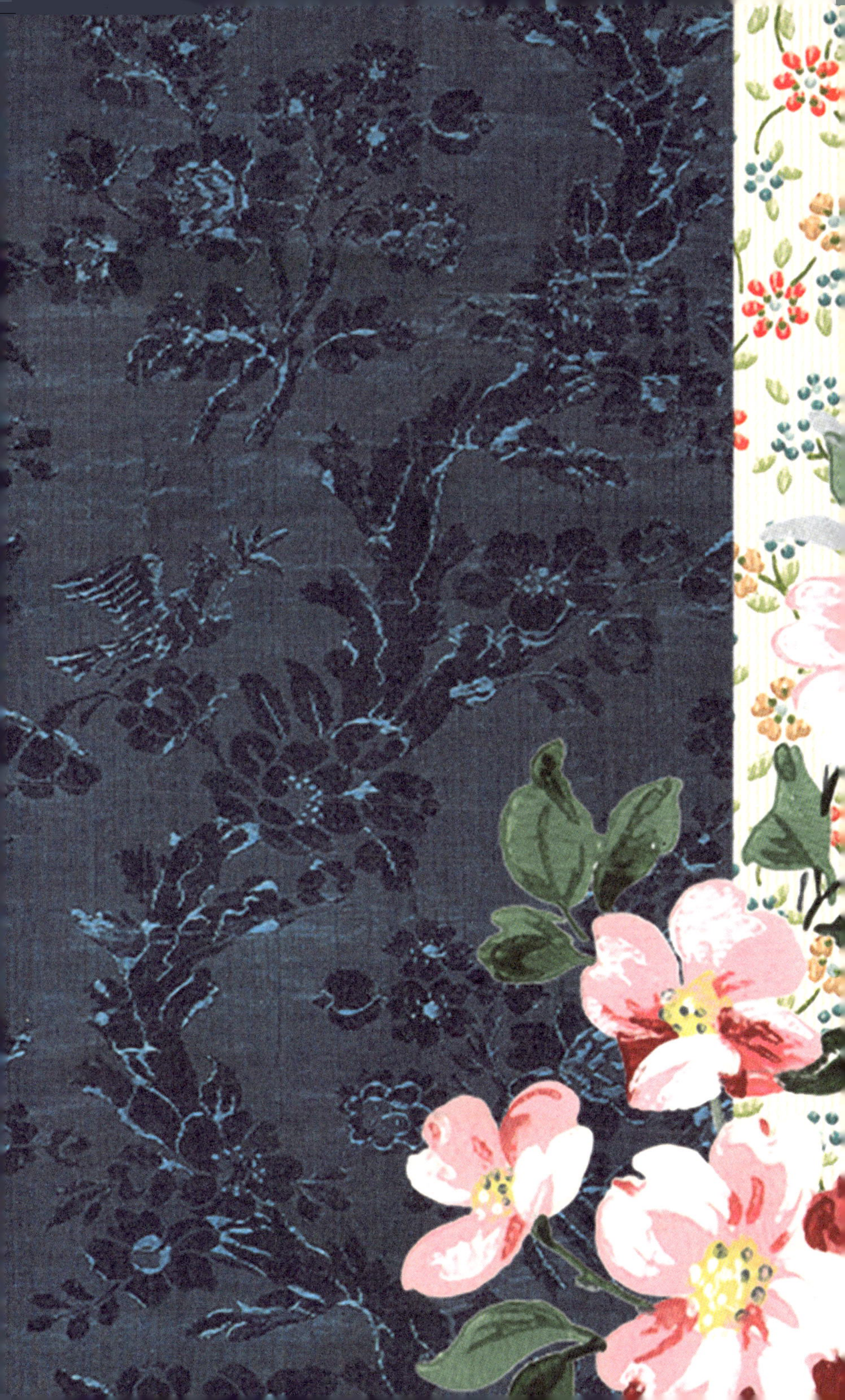

"Até para atravessar a rua ela já era outra pessoa. Uma pessoa grávida de futuro."

Clarice Lispector
A hora da estrela

Os desafios e perdas que permeiam a vida por vezes tornam o nosso presente sombrio. Em momentos assim, deixamos de enxergar motivos que justifiquem a nossa permanência neste mundo. Para não perecer, quando o presente estiver pesado, é preciso gestar dentro de si a esperança de um futuro bom, enfeitando os seus horizontes com todas as cores e luzes das histórias que ainda sonha escrever.

O que você enxerga quando olha para o futuro?

"Ninguém a tiraria dali, tinha direito de estar num camarote: esta era a sua época."

Clarice Lispector
A cidade sitiada

Por vezes levamos tempo para ocupar os lugares que são nossos. Quando vivenciamos desde cedo algum tipo de opressão, preconceito ou rejeição por sermos quem somos, os traumas decorrentes desses episódios violentos se tornam grandes obstáculos. Quando finalmente conseguimos reconhecer a legitimidade do nosso direito de pertencer, por meio do autoconhecimento e da troca de experiências com pessoas que vivenciaram situações semelhantes, estamos preparados para ocupar de corpo e alma todos os lugares que desejamos sem qualquer tipo de constrangimento.

Você já sentiu incômodo ao ocupar algum espaço mesmo sabendo que era seu por direito?

"Amor é quando é concedido participar um pouco mais."

Clarice Lispector
A legião estrangeira

Muitas vezes confundimos sentimentos possessivos e superficiais com amor, e nos frustramos por associarmos a ideia que temos desse sentimento tão nobre ao sofrimento que a paixão avassaladora, o ciúme descontrolado e a dependência emocional são capazes de causar. Se o amor transborda generosidade, altruísmo e compreensão, nele não há espaço para chantagem ou manipulação – amor é refúgio de paz nos corações de quem ama, despertando o melhor que há em nós.

Você sente segurança para vivenciar o amor participando e dando espaço para que o outro participe da sua vida também?

"Crescer dói.
Respirou muito devagar
e com cuidado.
Tornar-se dói."

Clarice Lispector
A maçã no escuro

Como uma grande metáfora da vida, à qual podemos sempre recorrer, basta lembrar que precisamos ser como bebês: começamos engatinhando e, se tivermos paciência e resiliência suficientes para suportar as alegrias e as dores do processo, chegará o dia em que alcançaremos os nossos objetivos, ainda que após muitas lágrimas e tombos. Quando abandonamos o caminho para evitar possíveis sofrimentos, também abdicamos das alegrias e vitórias que nele encontraríamos.

Como você lida com as dores do seu próprio caminho?

"O que tem que ser tem muita força."

Clarice Lispector

A maçã no escuro

Temos impulsos, sonhos, desejos e aptidões que, ainda que sejam insistentemente reprimidos ou deixados de lado, permanecem vivos dentro de nós; no incômodo causado pelo fantasma da frustração reside a maior força de todas, capaz de despertar o espírito da realização. Às vezes, precisamos aceitar o convite que sonhos passados nos fazem e abrir as gavetas das nossas maiores frustrações. Ao revisitá-las tempos depois, é possível que você perceba que hoje possui todas as ferramentas necessárias para transformar a desilusão de ontem na vitória de amanhã.

Quais são os desejos e sonhos não realizados que ainda seguem vivos e fortes dentro de você? Faça uma lista e permita-se, dentro do possível, organizar-se para realizá-los.

"Perder-se significa ir achando e nem saber o que fazer do que se for achando."

Clarice Lispector
A paixão segundo G.H.

Quando tiramos de cena a nossa necessidade de controle sobre dias e horários, quando escolhemos uma estrada sem ter um destino em mente ou quando aceitamos convites inesperados, nos deixamos conduzir a lugares e situações inusitadas, abrindo espaço para as possibilidades que o destino quiser revelar. Nessa jornada, encontramos coisas que nos fazem repensar toda a vida que havíamos traçado anteriormente.

Você já se perdeu nas últimas semanas?

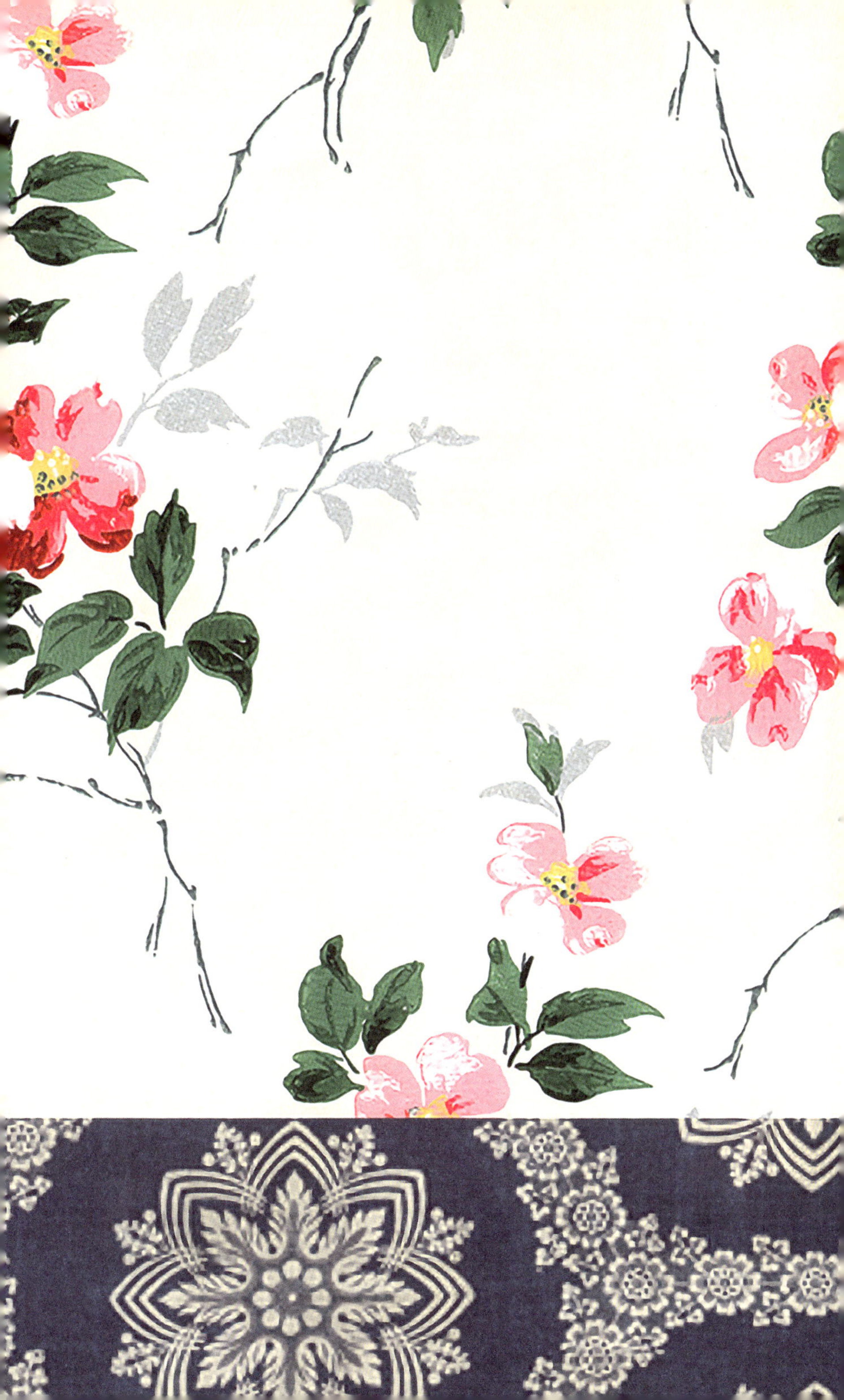

"Todos nós somos um e quem não tem pobreza de dinheiro tem pobreza de espírito ou saudade por lhe faltar coisa mais preciosa que ouro."

Clarice Lispector
A hora da estrela

As nossas vidas são muito complexas e profundas para serem medidas apenas pela régua do dinheiro – felicidade e sucesso não significam ausência de problemas. Por vezes, estamos de tal forma focados nas carências financeiras que deixamos de enxergar muitas das coisas que prosperam ao nosso redor. Para que a vida não se torne uma busca incessante por aquilo que nos falta, é preciso aprender a reconhecer aquilo que temos, lançando sempre um olhar positivo e realista sobre as nossas conquistas e realizações atuais.

Você tem usado a régua do dinheiro para medir o seu próprio sucesso?

"Quando se realiza o viver, pergunta-se: mas era só isto? E a resposta é: não é só isto, é exatamente isto."

Clarice Lispector
A paixão segundo G.H.

Se conhecer o milagre da vida é desfrutar plenamente do cotidiano, isso se faz vivenciando a experiência humana nos seus mínimos detalhes: amar, contemplar, criar, conviver. O simples fato de estarmos vivos já é, por si só, o mais extraordinário de todos os acontecimentos, e não precisamos de motivos para conferir sentido a algo que naturalmente acontece há milhares de anos e que nunca precisou de regras ou permissões para se manifestar; a vida simplesmente é.

Você consegue vivenciar plenamente a simplicidade das coisas cotidianas?

"Oh, protegei-me de mim mesma, que me persigo."

Clarice Lispector
Um sopro de vida

Costumamos nos cobrar um alto nível de produtividade de maneira integral, preenchendo cada pequeno intervalo com atividades e obrigações capazes de nos converter em máquinas eficientes e multitarefas. Permita-se desacelerar e viver cada pequena ação do seu dia a dia com atenção profunda, deixando de lado a rigidez e as cobranças desnecessárias. Escute com atenção os sinais do seu corpo e da sua mente, cuidando de si com o carinho e o amor que dedicamos aos nossos melhores amigos.

Você tem sido um(a) amigo(a) ou um(a) inimigo(a) para si mesmo(a)?

"Às vezes a saudade é tão profunda que a presença é pouco: quer-se absorver a outra pessoa toda."

Clarice Lispector
Todas as crônicas

Quando a criação é pautada pelo excesso de presenças e interferências limitadoras, dificilmente encontramos o espaço necessário para desenvolver e fortalecer a individualidade. Assim, nos tornamos adultos incapazes de enxergar os limites que separam as nossas vidas da vida do outro, e com frequência invadimos – ou deixamos invadir – espaços que deveriam ser preservados. Saudade pode ser um sentimento saudável ou uma dependência emocional capaz de sufocar o outro com as nossas demandas.

Você cobra as pessoas pela saudade que sente?

"Gostava de pensar alto, de desenvolver um raciocínio sem plano, seguindo-se apenas."

Clarice Lispector
Perto do coração selvagem

Imersos num mar de pensamentos velozes, frequentemente deixamos escapar boas ideias e inspirações. Quando verbalizamos ou escrevemos aquilo que se passa em nossa mente, somos obrigados a desacelerar para que a fala ou a escrita possam traduzir esse conteúdo, o que nos possibilita organizar e compreender os nossos próprios pensamentos com maior clareza. Ao exercitar essa nova forma de pensar, pode ser que você se sinta intimidado(a). Se este for o seu caso, comece escrevendo: o silêncio da palavra escrita é muito menos intimidador do que os ecos da palavra falada.

Permita-se escrever livremente tudo aquilo que vier à sua mente neste momento, sem reprimir ou tentar controlar as suas palavras. Não busque uma linha de raciocínio lógica, apenas escreva.

"Só os grandes amam a monotonia."

Clarice Lispector

A paixão segundo G.H.

Aquilo que chamamos de monotonia nada mais é do que a percepção que temos sobre as repetições que preenchem os nossos dias. Quando compreendemos que essas repetições são a base de todos os processos da nossa história, corremos o risco de perceber que aquilo que chamamos de monotonia talvez seja a mais pura expressão da paz.

Como você lida com as repetições que existem na sua rotina?

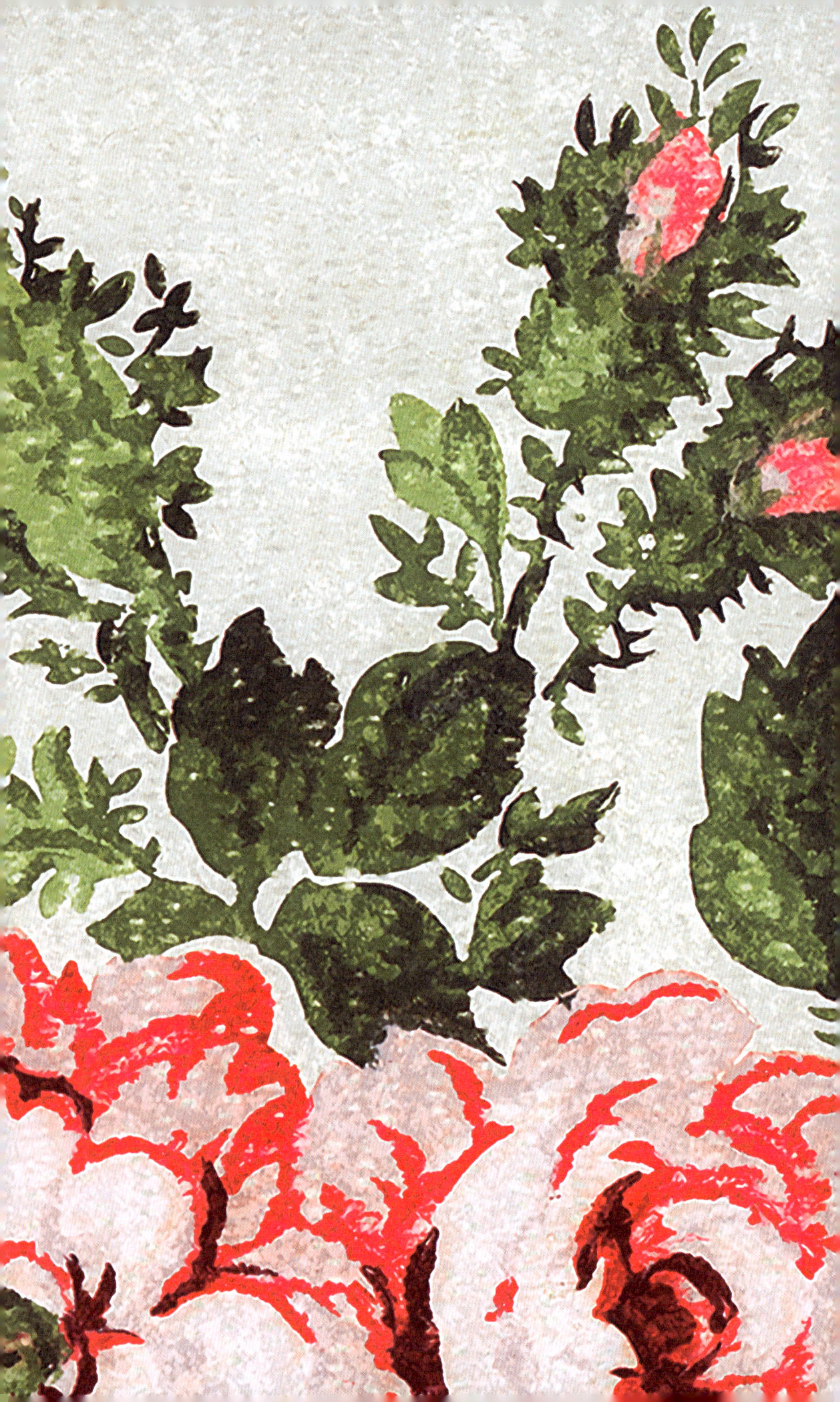

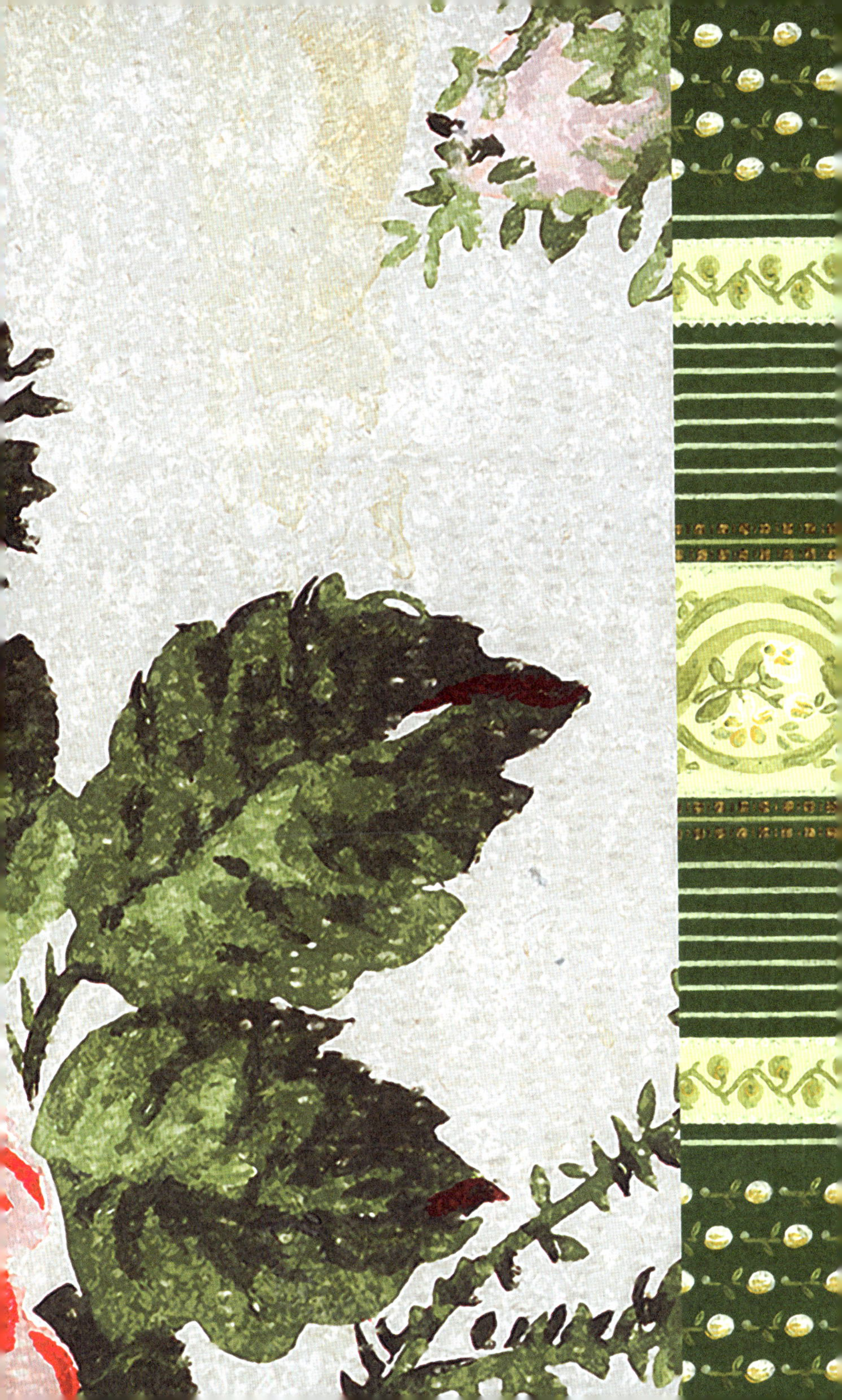

"Como se estivesse fora de mim, olhei-me e vi-me."

Clarice Lispector
Um sopro de vida

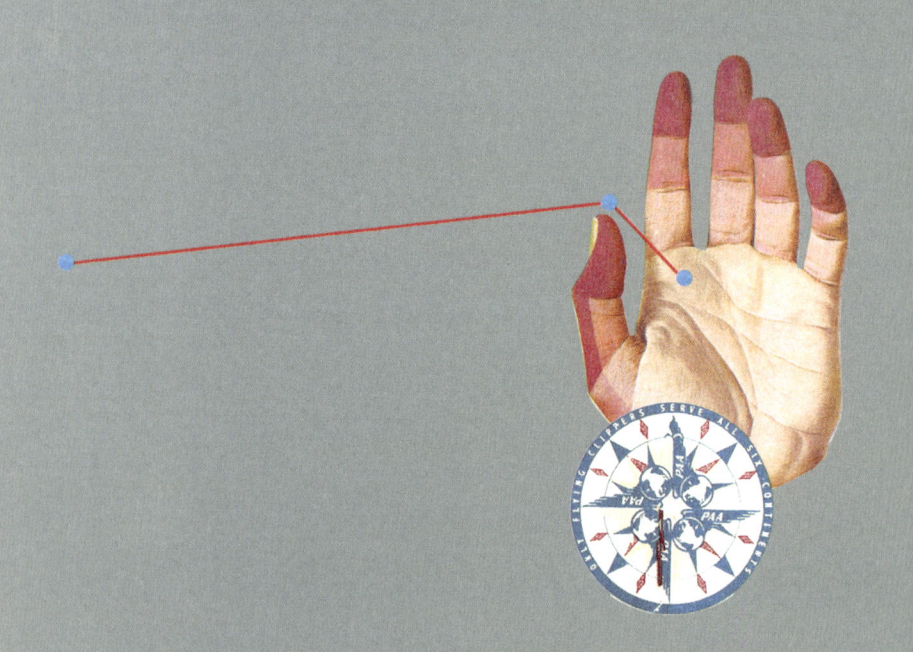

Limitados à visão do que nos cerca, jamais conheceríamos a grandiosidade e a beleza do nosso planeta se não fossem os satélites, foguetes e astronautas capazes de viajar pela órbita terrestre. E assim acontece conosco também: só enxerga a sua própria grandiosidade e beleza quem aprende a orbitar em torno de si mesmo. De tempos em tempos, precisamos nos lançar para fora do nosso planeta e, como astronautas de nós mesmos, deixar que a distância revele os nossos traços mais belos e profundos – tanto do corpo quanto da alma.

Olhe-se como se estivesse encontrando a si mesmo(a) pela primeira vez. O que você vê? Quais são os traços e detalhes expressivos que mais chamam a sua atenção?

"Só queria agora uma coisa deste mundo: caber nele. Mas como?"

Clarice Lispector
A maçã no escuro

Somos seres essencialmente sociais que, instintivamente, buscam o seu lugar em um grupo. Para pertencer, é preciso ser aceito; para ser aceito, o ser humano reproduz ideias e comportamentos praticados pelo grupo a fim de não correr o risco de ser rejeitado por pensar ou agir de maneira diferente daqueles com quem convive ou deseja conviver. Um grupo saudável é aquele que oferece espaço para que cada um desenvolva plenamente as suas potencialidades, acolhendo e respeitando a individualidade que enriquece a experiência coletiva.

Você já se encolheu para caber no mundo de alguém?

"Querer ser humano me soa bonito demais."

Clarice Lispector
A paixão segundo G.H.

Nós não precisamos ser heróis ou heroínas para sermos extraordinários. Como a única espécie que habita este planeta a carregar o instinto e a razão dentro de si, vivemos diariamente a busca pelo equilíbrio entre esses opostos que convivem lado a lado. E é dessa combinação que nasce aquele que talvez seja o nosso maior e mais verdadeiro superpoder enquanto seres humanos: a capacidade de conciliar instinto e razão na construção de um mundo melhor para nós e para aqueles que nos cercam.

Quais são os aspectos mais admiráveis da condição humana para você?

"Não tenho nenhuma saudade de mim – o que já fui não mais me interessa!"

Clarice Lispector
Um sopro de vida

Algumas experiências deixam marcas tão profundas que nos sentimos incapazes de seguir adiante, e perdemos um tempo precioso remoendo e revivendo questões sobre as quais não temos nenhum poder de transformação. Para não ficarmos presos à realidade das nossas versões passadas, precisamos aprender a olhá-las com carinho e gratidão pelo que representaram. Aprender a deixar o passado no passado não é esquecer ou rejeitar o que passou. É dar a si mesmo a chance de aprender com os erros e acertos vividos.

Quais foram os maiores aprendizados que
as suas versões passadas deixaram para você?

"Havia o perigo de se estabelecer no sofrimento e organizar-se dentro dele, o que seria um vício também e um calmante."

Clarice Lispector
Perto do coração selvagem

Por vezes, nos atemos ao sofrimento como uma forma de proteção. Quando nos sentimos intimidados ou amedrontados pelas situações que vivenciamos, instintivamente agimos como a criança que tem medo de ir para a escola. Assim, passamos a alimentar sofrimentos que nem sempre são reais, mas, sim, criações da nossa mente, em busca de nos proteger e justificar as nossas inseguranças. Porém, a ansiedade que resulta desse tipo de situação, com o tempo, nos faz desenvolver sintomas reais, capazes de trazer sofrimento físico e espiritual para as nossas vidas. O autoconhecimento é o melhor caminho para deixarmos de alimentar sofrimentos desnecessários.

Você já sofreu por algum medo que não era real?

"Quem escreve ou pinta ou ensina ou dança ou faz cálculos em termos de matemática, faz milagre todos os dias."

Clarice Lispector
Uma aprendizagem ou
O livro dos prazeres

O maior presente que um dia recebemos da evolução foi o desenvolvimento da nossa capacidade de pensar e comunicar – buscando respostas por intermédio das ciências que fundamos –, além do refinamento das nossas habilidades de criação e expressão, que dariam origem às mais diversas formas de arte que conhecemos hoje. Quando percebermos o tamanho do milagre evolutivo que reside em cada verso de um poema ou em cada equação matemática, certamente veremos mais beleza e sentido naquilo que aprendemos.

> Você certamente teve algum professor que conseguia revelar o milagre do saber nas suas aulas.
> O que tornava a sua forma de ensinar tão inspiradora?

"Vivera um dia de inspiração excessiva, impossível de ser guiada para um pensamento sequer."

Clarice Lispector
O lustre

É através do conhecimento – e por meio da disposição em trabalhar pelo nosso constante aprimoramento – que conquistamos as ferramentas necessárias para traduzir a inspiração e transformá-la em realidade. Para inspirar-se, é preciso ler livros, ir ao teatro, contemplar o céu, conversar com pessoas. Em especial, é preciso aprender a meditar, deixando a mente vazia para que a inspiração possa florescer livremente, para então dar origem aos pensamentos que impulsionam a criação.

O que inspira você?

"Escrevo-te porque não me entendo."

Clarice Lispector
Água viva

Escrever um diário é permitir-se mergulhar em um constante processo de autoanálise. Nele, encontramos espaço para depositar as nossas alegrias e angústias sem nos sentirmos julgados ou intimidados, o que faz do diário uma ferramenta tão importante e eficiente na busca pelo autoconhecimento. Quando escrevemos sabendo que ninguém do nosso convívio terá acesso aos nossos escritos, podemos expressar livremente aquilo que pensamos e sentimos, sem repressão, deixando que a cada página escrita nos aproximemos da nossa versão mais genuína.

Qual é a sua relação com o diário?

"Liberdade é pouco. O que desejo ainda não tem nome."

Clarice Lispector
Perto do coração selvagem

A liberdade é um estado de espírito que alcançamos quando nos desprendemos dos medos e culpas que nos mantêm enclausurados. Aprender a deixar os nossos corpos e almas livres para dançar sempre que a vida chamar é alcançar a liberdade que só você pode conceder para si mesmo(a).

O que representa a verdadeira liberdade para você?

"Desejava ainda mais: renascer sempre, cortar tudo o que aprendera, o que vira, e inaugurar-se num terreno novo onde todo pequeno ato tivesse um significado, onde o ar fosse respirado como da primeira vez."

Clarice Lispector
Perto do coração selvagem

Como a repetição dos dias não nos deixa perceber com clareza as pequenas transformações que acontecem cotidianamente, é no fechamento do ano que nos tornamos capazes de visualizar e mensurar o conjunto dos acontecimentos que nos transformaram em pessoas distintas daquelas que deram início a essa jornada. Fazer planos para o ano que vai começar é lançar nossas intenções, sonhos e esperanças no terreno fértil desse novo e misterioso capítulo que se inicia. Ao dar o primeiro passo em direção ao ano novo, olhe com atenção: tudo estará diferente ao seu redor se, além das suas intenções, você levar consigo disposição e ânimo para realizá-las. Dê boas-vindas à sua nova vida, pois você acaba de renascer em um mundo cheio de novas cores e possibilidades.

Escreva doze sonhos e planos reais possíveis de serem realizados. Mantenha esta lista perto de você ao longo do ano e comprometa-se a realizar ao menos um item por mês. Certamente, quando o final de mais um ano chegar, ao visualizar as suas realizações, você sentirá a satisfação de ter escrito mais um capítulo dessa belíssima história que chamamos de vida.